KB146003

언어와 문화

언어와 문화

전정예

머 · 리 · 말

대학 1학년 시절 처음으로 「언어학」 강의를 수강하면서 하나하나 알아간 「언어학」의 개념은 나에게 인간의 인식능력이라는 것을 새삼 발견하게 하였고, 학문하는 즐거움을 안겨다 주는 계기가 되었다. 그 뒤 어언 30년 동안을 「언어학」 뒤를 쫓아다닌 셈이 되었으나 지금도 그 시절을 생각하면 가슴이 설렌다.

그 후 배우던 자리에서 가르치는 자리로 바뀌면서, 학생들에게 내가 누렸던 그 즐거움을 전달하려 노력하였으나 항상 힘이 모자람을 느꼈다. '언젠가는 좋은 책을 하나 쓰리라'하고 생각한 지도 오래되었다. 자유로운 사고와 명쾌한 논리를 유도하는 책을 쓰고 싶었으나 끝내고 나니 아쉬움투성이다. 학문을 한다는 것이 끊임없이 배우고 또한 묻는 것임을 절감한다. 이 책을 쓰면서 나는 정말 많은 것을 스스로에게 물었다.

20 세기의 「언어학」 연구는 구조문법과 생성문법의 발달로 그야말로 눈부신 발전을 하였다. 그러나 「언어학」이 언어 현실과 동떨어져 형식화하고 너무 어려운 이론이 되어 다른 인문과학과의 관계에

서 고립되었다는 비판도 있다. 이 책에서는 기존의 그러한 틀을 깨고, 언어와 언어활동 모두를 포함한 「언어학」의 주제에 자유롭게 접근하여 언어의 본질을 이해하려고 노력하였다.

좋은 책을 쓰고 싶다는 마음과는 너무 멀리 모자란 점이 많다. 개인적으로 올 여름은 시간적으로 여유롭지 못했다는 핑계를 댄다. 강의 시간에 학생들과 자유로운 토론을 통해 모자람을 보충하여 더 좋은 책을 만들기로 약속한다. 무더운 여름날 원고를 읽어주고 교정을 도와준 허재영 박사와 김정호 조교에게 고마운 마음을 보낸다.

이 땅의 「언어학」 연구에 텃밭을 일구시고, 병환 중에도 학문 연구에 여념이 없으신 김방한 서울대학교 명예교수님께 마음 깊은 존경과 함께 이 작은 책을 드립니다.

1999년 8월, 시원한 바람이 불어오는 청심대에서

지은이 씀

언어와 문화 　　**차례**

제1장

인간의 언어

1.1. 언어와 삶

'언어란 무엇인가'를 설명한다는 것은 '삶이란 무엇인가'를 설명하는 것만큼 어렵다고 할 수 있을 것이다. 삶이란 매우 복잡한 것이며, 사람은 이 복잡한 삶을 언어 없이는 영위할 수 없다. 그러므로 언어에는 인간의 복잡한 삶이 그대로 들어있기 마련이고 이 둘의 관계는 매우 밀접하며 이들을 한 마디로 정의내리기는 결코 쉬운 일이 아닐 것이다. 언어와 삶의 관계에 대하여 어떤 철학자는 '언어는 존재의 집'이라고 표현하였다. 말이란 형체를 볼 수 없는 무형의 것이며 잠시라도 머물게 할 수 없는 순간의 것이다. 삶 역시 그러한 성질을 지니는 것이며 우리는 매순간의 삶을 이렇듯 무형의, 순간적 존재에 의존하여 우리의 온갖 생각과 느낌을 나타내며 살고 있다고 할 수 있다.

사람이 동물과 다른 점을 한 가지만 말해보라고 한다면 여러분은 무엇이라고 대답하겠는가? 여러 대답이 있을 수 있겠지만 '사람은 언어를 가지고 있다'라고 대답한다면 가장 옳은 답이 될 수 있을 것이다. 실로 언어는 사람을 동물과 다른 삶을 살게 하는 중요한 표상이며 원동력이다. 인간이 지금까지 이룩한 모든 문화와 문명이 언어의 사용 없이 가능했겠는가? 언어는 인간이 소유하고 있는 가장 위대한 자산이며, 우리는 그렇게 대단한 자산을 모두가 공평하게 상속받은 셈이 되는 것이다. 사람은 별다른 신체적 장애가 없는 한 생후 3년 안에 자기의 모국어를 자유롭게 말할 수 있다. 우리는 이러한 대단한 능력을 특별하게 생각하지 않고 일상의 일로 돌려버리며 살고 있다. 그러나 우리가 어쩌다 선천적 언어장애자나 사고로 하루 아침에 언어능력을 잃어버린 사람을 보게 되면 인간이 언어를 향유하고 있다는 것이 얼마나 소중한 것인가를 절감하게 될 것이다.

우리는 언어를 우리가 기억할 수 없는 어린 시절부터 사용
하기 시작하여, 그것을 통하여 사고하고 의사소통을 함으로써 사회
생활을 하며, 여러 형태의 소중한 문화를 공유하고 그것을 다음세대
에 전승한다. 이렇듯 언어는 우리 삶을 실현시키고 유지시키는 데에
필수불가결의 것이며 실로 우리 삶의 모든 것을 관장하는 어쩌면 삶
그 자체라고 말할 수 있을 것이다.

1.2. 소리와 뜻

사람의 말은 본질적으로 소리의 세계
와 뜻의 세계, 두 세계의 결합으로 이
루어져 있다. 한국어의 '사람'이라는
단어는 'ㅅ+ㅏ + ㄹ+ㅏ+ㅁ'이라는 낱
낱의 분절음인 음소(phoneme)로 이루어졌으며, 또한 그 소리에는 일
정한 뜻이 결합되어 '사람'이라는 뜻을 가진 하나의 형태소(morphe
me)를 이루게 되는 것이다. 우리말에 '말도 안되는 소리'라는 표현
이 있는데 이는 '말'의 구성요소 가운데 '뜻'이라는 요소가 빠진 '소
리'에 불과하다는 것으로, '어처구니 없는, 쓸 데 없는 말'을 의미한

다. 이렇듯 하나의 단어는 한 언어사회에서 일정한 소리에 일정한 뜻을 차지하면서 사용되고 있음을 알 수 있다.

이는 다른 한편에서는 하나의 단어는 다른 단어와 구별되는 소리와 뜻을 가지고 변별적으로 사용되고 있다고도 말할 수 있다. 즉, 'ㅅ+ㅏ+ㄹ+ㅏ+ㅁ'이라는 소리에서 하나의 소리만 바꾼 'ㅂ+ㅏ+ㄹ+ㅏ+ㅁ'은 'ㅅ'과 'ㅂ'의 소리의 변별력으로 '사람'과는 다른 형태소인 '바람'이 되어 '사람'과는 변별적인 뜻을 갖는 별개의 단어가 되는 것이다. 우리가 사용하고 있는 많은 단어들은 이렇듯 일정한 소리에 일정한 뜻을 담아 다른 단어와 서로 구별되는 변별력을 가지면서 사용되고 있다고 볼 수 있는 것이다. 이렇듯 각 언어의 음소나 형태소는 그것이 서로 차이가 나며 동시에 연관되어 있다는 점에서 다른 음소나 형태소들과 관계가 맺어진다. 즉, 각 음소나 형태소는 다른 음소나 형태소들을 한계지으면서 동시에 이들에 의해 한계가 지어지는 까닭으로 인해 변별성과 연대성은 서로 상관 조건이 되는 것이다.

프랑스 언어학자 Ferdinand de Saussure는 이들을 순전히 심리적인 실체로서 설명하고 있는 점이 다르기는 하지만, 이와 같은

언어의 이중적 요소를 소리요소인 signifiant(기표)과 의미요소인 sig-
nifié(기의)로 설명하였다. 즉, 한 단어는 인간내부에 간직된 심리적
소리단위인 signifiant과 그것이 지칭하는 내부의 심리적 의미단위인
signifié가 동전의 양면처럼 밀접하게 결합되어 소리와 의미를 신속
하게 환기시키면서 인간의 언어체계를 형성하고 있다는 것이다. 한
가지 주의를 요하는 것은 Saussure의 signifié는 우리의 현실 세계에
존재하는 개념이나 대상이 아니고, signifiant도 실제적인 소리는 아
니라는 것이다. 그것들은 인간 내부에 심리적으로 존재하는 개념이
고, 소리이다. 이것은 인간의 언어가 외부 대상과 직접적으로 관계
를 맺는 것이 아니고 인간의 내부에 존재하는 정신작용을 통하여 간
접적으로 연결되는 기호체계 혹은 상징체계임을 말하고 있다.

　　그런데 이러한 소리의 단위와 뜻의 단위의 결합은 언어사회
마다 다르게 실현된다. 즉, 한국어에서는 [saram]이라는 단어가 영어
로는 [mæn], 불어로는 [ɔm], 중국어로는 [ren]으로 각각 대응된다. 이
단어들은 지칭하는 의미도 미세하게 다를 수 있겠지만 이들의 소리
는 확연하게 다르다. 이것이 언어의 자의성(arbitrariness)이다. 언어의
자의성이란 소리와 뜻의 결합이 필연적이 아니고 임의적이라는 것
을 말한다. Saussure는 이것을 signifiant과　signifié의 결합의 자의성

으로 설명함으로써 언어기호의 자의성을 설명한다.

이렇듯 언어는 기본적으로 어떤 의미를 나타내기 위해서 어떤 소리를 사용해야 한다는 제약은 없다. 다만 소리를 흉내내는 의성어(onomatopoeia)같은 단어는 이러한 자의성을 가끔 떠날 때가 있다. 예를 들면 뻐꾸기 울음소리라든가, 물결치는 소리라든가, 종소리라든가 하는 소리들을 나타내는 단어는 실제 소리를 흉내내는 단어이기 때문에 언어사회마다 비슷하게 표현될 수 있을 것이다. 닭울음 소리를 한 예로 들어보면, 한국어에서는 '꼬끼오', 영어에서는 'cock-a-doodle-doo', 독일어에서는 'kikeriki', 프랑스어에서는 'cocorico'로 그 소리가 비슷하다. 그러나 이러한 단어들은 극히 제한적이며 이들이 언어의 자의성을 설명하는데 조금도 방해가 되지는 않는다.

언어사회마다 어떠한 대상이나 개념을 나타내는 데 있어서 임의적으로 어떠한 소리를 결합하여 사용할 수 있으며 기본적으로 언어는 두 개의 요소인 소리와 뜻의 결합으로 이루어져 있다고 할 수 있다. 즉, 각 언어사회는 각각 고유한 소리의 체계와 의미의 체계를 가지며 각각의 소리와 의미는 각각의 음운규칙과 의미규칙 속에서 변별력을 갖도록 구성되어 전체적인 언어생활을 영위한다.

1.3. 하나 속의 둘

우리는 하나의 언어를 소유하고 있다고 생각하지만 그것을 보는 관점에 따라서는 두 개의 언어로 나누어 고찰해 볼 수 있다. 하나는 우리의 정신내부에 심리적으로 존재하는 언어이고, 다른 하나는 그것이 실제 외부적으로 사용되었을 때의 언어이다. 우리가 한 언어사회에서 상대방과 소통하려면 각자가 내부에 같은 언어체계를 가지고 있어야 하며 또한 그것이 외부로 실현되어야만 한다. 이러한 소통과정을 단순하게 고찰하면 우리가 하나의 언어를 사용하고 있다고 할 수 있지만 좀더 단계적으로 고찰해보면 두 개의 언어를 인식할 수 있을 것이다. 즉, 우리가 실제 상황에서 실현하고 있는 언어는 이미 우리 내부에 존재하고 있는 언어를 바탕으로 하고 있음을 알 수 있다. 그렇다면, 내부의 심리적 실체로서의 언어와 실제 상황에서 사용되고 있는 언어로 구분해 볼 수 있을 것이다.

Saussure는 이 둘을 구분하여 설명하였는데 우리 내부에는 한 사회의 약속의 목록이라고 할 수 있는 언어 목록의 체계가 고스란히 저장되어 있는데 이것이 langue의 개념이고, 실제 상황에서는 우리는 그 목록 가운데서 필요한 것을 골라 사용하는데 이것이 paro-

le의 개념이다. 이 두 용어에 대하여는 흔히 전자가 '언어' 혹은 '言'
이라고 번역되고, 후자가 '말' 혹은 '語'라고 번역되나 이 책에서는
이것을 받아들이지 않고 '언어'와 '말'이라는 단어를 거의 구별하지
않고 사용한다. 우리말의 '말'이라는 단어는 '言'과 '語'의 두 의미
를 다 가지고 '언어'와 거의 같은 의미를 가지고 사용되고 있기 때문
이다.

후에 미국의 언어학자 Noam Chomsky도 이와 비슷한 구분
을 하고 있는데 인간의 정신 내부에 존재하며 한 인간의 모든 언어
를 흠없이 지배하는 이상적인 언어능력(linguistic competence)과 그
것을 실제로 사용하는 언어수행(linguistic performance)이 그것이다.
두 언어학자 모두 심리적 실체로서의 언어와 실제 사용에서의 언어
를 구별하고 있어서 개념에 있어서는 본질적으로 같은 구분이라고
할 수 있지만 설명하는 관점이 다르다고 할 수 있다. Saussure가 언
어의 사회적 약속의 측면, 즉 언어의 사회성에 주안점을 두고 있는
반면 Chomsky는 언어의 개인적 능력, 즉 언어의 창조성에 주안점을
두고 있다. 이것은 두 학자의 언어관의 차이에서 오는 것으로 구조
문법 학자인 Saussure가 언어를 사회적 목록의 전체적인 구조적 체
계로 파악하고 있다면, 생성문법 학자인 Chomsky는 언어를 개인이

무한히 생성해낼 수 있는 인간 정신의 능력으로 파악하고 있는 것이다.

.두 학자 모두 언어 연구의 대상으로서 parole보다는 langue를, performance보다는 competence를 적합한 것으로 보고 있다. 언어는 실제 사용에 있어서는 개인의 말실수, 말의 생략 등으로 완전한 형태로 실현되기가 어려울 수 있으며 이상적이고 순전한 구조적 형태의 언어는 langue요, competence라는 것이다. 우리는 실제로 담화 속에서 불완전한 형태의 언어 사용을 흔히 하고 있지만 각자가 내부에 간직하고 있는 손상되지 않은 또 하나의 언어의 존재로 말미암아 서로의 이해 속에서 흡족한 의사소통을 할 수 있는 것이다. 그러므로 언어를 체계적인 구조체로 인식하고 이들을 과학화하여 설명하기 위해서는 사용된 언어가 아닌 내부의 언어가 대상이 되어야 한다는 것이다.

Saussure는 내부의 langue와 사용된 parole을 포함한 전체적인 언어활동을 langage라고 하였다. 언어학자 중 일부는 구체적으로 실현된 언어활동을 일차적인 연구 대상으로 삼아야 하며 언어학은 이 개별어에 대한 이론이어야 한다고 주장한다. 이들은 인간의 완전한 언어행위는 언어가 외부로 표현되었을 때이며 이것이 인간을 보다 정확히 알리는 지식을 제공한다고 생각하는 것이다. 즉, 이들은 생생한 의사소통 과정에서 화자가 개인의 말을 통해 자신의 언어활동에 참여하는 담화(discourse)를 분석함으로써 언어행위의 본질을 이해하게 된다는 것이다. 담화란 화자가 청자에게 자신의 경험이나 의도를 전달함으로써 화자와 청자를 그 구조 속으로 통합하는 모든 발화행위를 말한다. 따라서 언어란 내부적인 체계에 머무르지 않고 외부적인 언어활동(langage)을 통하여 인간의 정신이 한 사회의 문화와 만나 서로 작용을 하는 것이며 또한 그 수단이 되는 것이라는 것이다.

　　Saussure와 Chomsky 이후 즉, 구조문법과 생성문법 이후 언어 연구가 언어과학이라고 불려도 손색이 없을 만큼 새로운 학문으로서 당당한 자리를 차지하고 인문과학 분야에서 눈부신 발달을 한 것은 사실이다. 그러나 그들이 langue와 competence를 중심으로 한 내부언어의 이론적 연구에만 치우쳐 언어 연구가 점점 형식화를 추구하여 너무 어려워졌으며 언어학을 다른 인문과학과 고립시켰다는 비난을 받고 있는 것도 사실이다. 특히 Chomsky는 언어가 형식체계라는 인식에 크게 의존하여 언어의 의미면이나 언어활동의 상징적 양상들에는 관심을 두지 않았다. 그러나 실제 상황에서 외부로 산출되어 사용되는 parole이나 performance도 언어학의 중요한 대상이 될 수 있으며, 언어를 특수한 인식 대상으로 내부적으로 고립시키지 않고 인간과 외부 사회를 연결시켜 인식하는 전체적인 언어활동(language)에 대한 연구도 충분히 이루어져야만 언어학 전반이 균형있게 발전할 것이라고 볼 수 있을 것이다.

그러므로 언어학 연구는 langue의 본질과 기호성, 언어 구조론 등의 언어의 내부적인 연구는 물론이고, langue가 화자에 의해 구체적인 상황 내에서 사용될 때 나타나는 발화행위, 담화이론 등도 연구되어야 하며 또한 언어와 사고, 문화, 사회, 심리의 관계를 다각적으로 연구함으로써 언어의 본질에 더욱 가깝게 접근할 수 있을 것이다.

제2장

인간언어와 동물언어

2.1. 언어와 기호

과연 언어는 인간의 전유물인가? 이러한 의문은 모든 사람들이 한 번쯤은 가져 보았음직한 것이다. 또한 인간이 아닌 다른 개체와 대화하고 싶은 욕망은 동화 속에만 존재하는 것이 아니라 인간의 오랜 꿈일 수 있다. 흔히 우리는 우리가 키우는 개들에게 수시로 말을 건내고 그들과 대화하기를 바란다. 그들은 어떤 말을 알아듣는 것 같아 보이며 그럴 때 우리는 인간만이 언어를 향유하고 있다고 말하는 것은 너무 인간 중심적이고 편협한 것은 아닐까 하는 생각을 하곤 한다. 다른 동물들도 나름대로 훌륭한 의사소통 수단을 가지고 서로 교신하면서 살고 있지 않을까? 특히 동물들이 먹이를 찾아 이동하는 모습을 보면 우리는 거기에 분명히 어떤 의사소통이 이루어지고 있음을 감지할 수 있다.

새들의 지저귀는 소리를 한국어로는 '새가 운다'고 하고 영어로는 '새가 노래한다'고 표현하지만 실제로 이들의 소리는 어떤 의사소통을 위한 새들의 언어일 수 있다. 한국의 민요에 '아침에 우는 새는 배가 고파서 울고, 저녁에 우는 새는 임이 그리워 운다'는 구절이 있는데 실제로 아침에 숲속에 가보면 새들의 지저귀는 소리가 특히 요란하다. 이는 새들이 아침 먹이를 찾아 서로 교신하느라 그러는 것이다. 여름날 그야말로 시끄럽게 울어대는 매미 소리도 그렇다. 땅 속에서 굼벵이 시절을 5-17년까지 보내고 성충이 된 후 기껏해야 2-3주 정도 짧은 기간 햇볕에서 살다 죽는 매미는 그들이 이루어야 할 종족 유지의 사명감에서 숫매미가 암매미를 온몸으로 부르는 절규의 언어로서 그렇게 울어대는 것이다.

동물 세계도 의사소통 체계를 가지고 있음을 확실하게 알린 것은 독일의 동물학자 Karl von Frisch의 연구이다. 그는 몇 십년 동안 꿀벌을 관찰하고 그들의 통신방법에 관하여 연구하였는데, 한 꿀벌이 꿀을 발견하면 벌집에 돌아와 다른 벌들 앞에서 8자형의 춤을 춘다는 것이다.

< 꿀벌의 춤 >

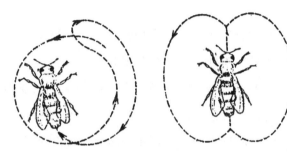

꿀벌의 춤은 꿀이 있는 방향과 거리에 대하여 상당히 정확하게 알린다고 한다. 꿀이 벌집에서 멀리 떨어져 있으면 왼쪽 그림과 같이 비트는 춤(waggle dance)을 추고, 아주 가까이 있으면 오른쪽 그림과 같은 둥근 춤(round dance)을 춘다는 것이다. 8자를 그리는 데 있어서 태양과의 방향과 각도로서 꿀이 있는 곳의 방향을 알리고, 일정한 시간 단위당 8자 춤의 빈도로 거리를 나타낸다고 한다. 이때 춤이 빠를수록 거리가 짧고 느릴수록 거리가 먼데, 실험에 의

하면 약 11km까지의 거리는 정확히 나타낼 수 있다고 한다. 이러한 꿀벌의 의사소통의 대부분은 유전적으로 정해진 선천적인 것으로 꿀벌은 태어날 때부터 춤을 추는 법과 그것을 해석하는 법을 안다고 한다. 그러나 이들이 그것을 익히는 단계도 있는데 어린 벌은 다른 벌의 춤을 정확하게 파악할 수 있을 때까지는 연습이 필요하다고 한다.

과연 인간은 발달된 언어체계를 가지고 있으면서도 그렇게 먼 거리와 방향을 정확히 전달할 수 있겠는가? 또한 코끼리나 돌고래 등은 인간은 도저히 감지할 수 없는 저주파로 서로 교신한다고 한다. 그렇다면 어떠한 기준을 적용하여 인간만이 언어를 소유한다고 할 수 있는 것인가? 언어를 소통(communication)의 관점에서 본다면 동물의 언어도 충분히 언어일 수 있다. 어디 그뿐이랴? 저녁무렵 초가지붕 위 굴뚝에서 피어오르는 연기는 우리에게 저녁식사 시간이 가까워졌음을 알리고, 전쟁에서의 하얀 깃발은 항복을 의미한다. 교통신호등도 간단하지만 우리에게 필요한 정보를 충분히 제공하며, 모르스부호나 컴퓨터언어는 한층 복잡한 체계로서 많은 소통을 가능하게 한다. 또한 인간의 음성언어를 대신하여 손으로 이루어지는 수화(手話)나 문자체계도 생각할 수 있다. 이들은 단순한 신호일 수 있고, 신호체계일 수도 있으며, 기호체계일 수 있다.

언어의 기능적 측면인 의사소통의 관점에서 보면 이 모든 신호나 기호들은 넓은 의미의 언어라고 할 수 있다. 그 중에서도 인간언어는 인간의 삶 속에서 자연스럽게 생성되었다는 점과 표현 수단으로서 사람의 발성기관을 통한 음성을 사용한다는 특성을 갖는다. 우리가 지금 여기에서 연구 대상으로 하고 있는 '언어'는 인공언어가 아닌 자연언어, 자연언어 중에서도 동물언어가 아닌 인간언어, 인간언어 중에서도 문자언어가 아닌 음성언어 즉, 좁은 의미의 언어인 인간의 음성언어이다.

그렇다면 인간언어는 음성을 기호로 사용하는 발달된 기호체계라고 말할 수 있는데, 언어의 핵심이 일반적으로 기호에 있다는 생각은 고대 그리스 시대부터 가지고 있었다. 기호(sign)란 누군가에게 어떤 사물이나 현상을 불러 일으키는 계약 관계 혹은 대치 관계의 매체라고 볼 수 있다. 그러므로 기호는 본질적으로 추상성, 규약성, 불변성, 자의성 등을 속성으로 갖는다. 외부에 존재하는 🌳를 우리가 '나무'라고 한다면 '나무'라는 소리(표현)에 🌳라는 뜻(내용)이 결합된 훌륭한 기호의 하나이다. 즉, 일정한 뜻이 결합됨으로써 소리로부터 기호(sign)의 층위로 옮겨 가게 되는 것이다. 그리하여 우리는 🌳를 보면 '나무'라고 부르고, '나무'라고 들으면 🌳를 연상하면서 하나의 기호를 사용하고 있는 것이다.

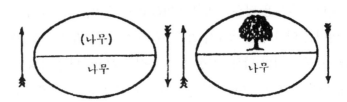

Saussure는 이러한 언어기호의 양면성을 우리 내부의 signifiant과 signifié의 결합으로 설명하였다.

이러한 내용(content)과 표현(expression)의 결합 즉, 뜻과 소리의 결합은 구체적인 대상을 추상적으로 대치하는 것인데 이것은 인간의 상징할 수 있는 능력을 말한다. 특히 언어기호는 전적으로 자의적이라는 특성을 갖는 기호체계이다. 즉, 외부의 대상이나 개념과 그것을 지칭하는 언어 사이에 필연적이고 직접적인 관계는 없으며 그 둘 사이에 인간의 정신작용이 개입하여 이들의 관계를 상징화(symbolization)하는 것이다. 즉, 인간은 기호에 의해서 실재적인 것을 표상하고, 그 기호를 실재를 표상한 것으로 이해하며 한 사물과 다른 사물과의 사이에 의미작용(signification) 관계를 설정하는 능력인 상징능력을 갖는다고 볼 수 있는 것이다. 이러한 인간의 상징 능력은 개념형성 기능의 근거가 되며 인간의 언어와 사고의 원천이라고 할 수 있다.

인간언어와 동물언어의 차이를 기호학적인 측면에서 비교해 본다면 바로 이 신호(signal)와 상징(symbol)의 차이일 것이다. 신호는 자연적인 관계나 약정에 의해서 어떤 물리적 사실이 다른 물리적 사실과 연관되어 있다. 예를 들면 천둥을 알리는 번갯불, 위험을 알리는 고함소리, 식사를 알리는 종소리 등이다. 동물은 신호를 지각하여 거기에 맞게 반응을 보일 수 있으며 또한 여러 가지 신호들을 식별할 수 있도록 길들여질 수도 있다. 인간 역시 동물로서 신호에 반응한다. 그러나 인간은 이 이외에도 인간에 의해 제도화된 상징을 사용하는 것이다. 상징은 상징하는 내용과 상징되는 표현 사이에 자연적인 혹은 필연적인 관계가 없기 때문에 그 의미를 배워야 하며 그 의미 기능 내에서 상징을 해석할 수 있어야 한다. 즉, 인간은 이렇듯 상징을 만들어 내고 그것을 이해하지만 동물은 그렇게 하지 못한다. 이것이 인간의 기호와 동물의 신호와의 차이인 것이다. 즉, 인간의 언어가 기호체계라면 동물의 언어는 신호들의 규약이라고 볼 수 있는 것이다.

그러나 기호의 측면에서 볼 때에도 다음과 같은 의문은 아직도 우리들에게 남는다. 꿀벌이 춤을 춤으로써 꿀이 있는 위치나 거리를 전달하고 또 그것을 기억 속에 담아둘 수 있는 것도 일종의 상징화하는 능력으로 볼 수 있는 것은 아닐까? 꿀벌의 춤은 춤과는 전혀 관계가 없는 꿀의 소재에 대한 어떤 실재를 가리키는 기호를 형성하며, 또한 그들은 그것을 해석하는 능력 즉, 경험의 기억과 그 경험을 분해할 수 있는 능력을 갖는다고 할 수 있지 않을까? 또한 흔히 길들인 동물은 사람의 말을 일부 알아들을 수 있는데 그때 동물은 그것을 상징으로 해석하는 것일까? 신호로 인지하는 것일까? 이러한 의문들은 동물의 언어체계와 인간의 언어체계를 기호학적인 측면에서 구분하는데 중요한 해석의 문제가 될 수 있을 것이다.

2.2. 인간언어의 특성

의사소통을 위한 넓은 의미의 자연언어 속에 인간의 언어와 동물의 언어가 포함된다면 이 둘의 차이는 어디에 있는 것인가? 우선 생각해 볼 수 있는 것은 동물언어가 따라올 수 없는 인간언어의 방대함이다. 동물언어에 대한 연구 보고를 보면 이들이 고작해야 몇 십 가지의 신호를 쓰고 있는 것에 불과하다고 한다. 그에 비하면 인간은 수 만, 수 십만의 단어를 사용하고 있으므로 양에 있어서 이들의 차이는 대단하다고 볼 수 있다. 꿀벌이 그렇게 먼 거리를 춤으로 나타낼 수 있다고는 하지만 그들이 교신할 수 있는 것은 고작해야 꿀이 있는 위치와 거리에 불과하다. 그러나 우리의 관심은 이 둘 사이의 근본적인 차이가 이러한 양적인 문제에 그치지 않고 어떤 질적인 관점에서 찾을 수 있는가이다.

많은 동물들은 울부짖고 지저귄다. 어떤 새들은 심지어 인간의 말도 흉내낸다. Lorenz는 굴뚝 청소부를 보고 "굴뚝 청소부가 오고 있다"라고 정확하게 말함으로써 모든 사람을 놀라게 한 앵무새의 경우를 살펴 보고 다음과 같은 것을 알아냈다. 이름이 Papagallo인 그 앵무새는 굴뚝 청소부에게 심한 두려움을 가지고 있었다. 굴뚝 청소부의 방문은 그에게 심한 충격이었는데 그 때 요리사가 "굴뚝 청소부가 오고 있다"라고 말하였다. 그리하여 그 앵무새는 굴뚝 청소부와 그 문장을 관련시켜 기억하게 된 것이다. 만약 그 때 요리사가 "기름이 타고 있다"라고 외쳤다면 그 앵무새는 굴뚝 청소부를 보면 또한 그렇게 외쳤을 것이다.

　그렇다면 동물언어와 인간언어의 본질적인 차이는 무엇인지에 대하여 다음 인간언어의 몇 가지 특성에 비추어 이 둘을 비교하여 고찰해 보자.

　첫째, 인간언어는 분절성을 그 특성으로 갖는다. 인간언어는 '소리'와 '뜻'이라는 이중적 구성요소로 이루어져 있으며 이들은 각각 작은 소리조각과 뜻조각으로 분절될 수 있는 이중분절의 특성을 갖는다. 예를 들면, 우리말 '바람이 분다'라는 문장(sentence)은 우선 뜻을 가진 조각으로 나눌 수가 있다. 먼저 '바람이+분다'라는 어절(phrase)로 나뉠 수 있고, 이것은 다시 '바람+이+부+-ㄴ+다'라는 5개의 가장 작은 뜻조각인 형태소(morpheme)로 분절할 수 있다. 더 이상 분절하면 뜻을 잃게 되는데 이렇듯 뜻을 가진 가장 작은 단위로 분석하는 것을 일차분절이라 한다. 다음으로는 소리 조각으로 나눌 수가 있는데 우선 '바+람+이+분+다'라는 음절(syllable)로 나눌 수가 있고, 이것은 다시 'ㅂ+ㅏ+ㄹ+ㅏ+ㅁ+ㅣ+ㅂ+ㅜ+ㄴ+ㄷ+ㅏ'라는 11개의 가장 작은 소리조각인 음소(phoneme)로 분절할 수 있다. 이렇듯 가장 작은 소리 조각으로 나누는 것을 이차분절이라고 한다. 인간의 언어는 이렇듯 뜻조각으로나 소리조각으로 분절이 가능하다.

그러나 동물의 소리는 분절이 불가능하다. 닭울음 소리나 소울음 소리는 하나의 연속체로서의 한 덩어리의 소리일 뿐 분절음으로 쪼갤 수가 없다. 우리가 이들을 '꼬끼오'나 '음메'로 나타내는데 이미 그것은 음성화된 인간의 말소리이지 동물의 소리는 아닌 것이다. 동물은 이렇듯 분절할 수 없는 한 덩어리의 소리에 역시 분절할 수 없는 어떤 의미를 실어 보낼 수 있을 따름인 것이다.

인간언어가 이처럼 소리와 뜻의 이중으로 분절된다는 점은 동물의 언어에서는 도저히 불가능한 질적 차이로서, 인간언어가 유한한 수의 요소로서 많은 수의 단어나 문장을 만들어 낼 수 있는 즉, 동물언어와 커다란 양적 차이를 일으키게 하는 중요한 까닭이 되는 것이다.

둘째, 인간언어의 자의성과 이원성을 들 수 있다. 인간언어의 기호체계가 자의성을 갖는다는 것은 앞에서 설명한 바가 있다. 즉, 인간언어는 소리와 의미 사이 즉, 표현과 내용 사이에 필연적인 관계가 없이 임의적이다. 이는 인간의 언어는 소리의 체계와 의미의 체계가 독립되어 있다는 언어의 이원성과 깊은 관련이 있다고 볼 수 있다. 그러나 동물의 언어에서는 표현과 내용이 분리할 수 없이 한 덩이가 되어 있어 이들의 관계가 일원적이다. 그러므로 동물언어에서는 둘 사이의 관계가 필연적인 관계를 맺게 되며, 자의성이 심하게 제약을 받을 수밖에 없다. 어떠한 의미는 그 종(種) 특유의 꼭 어떠한 소리나 몸짓으로 표현되어야 하며 또한 이러한 표현 능력도 그 수에 있어서 극히 제한되어 있다. 또한 동물의 언어는 거의 생득적인 것이어서 한국의 새가 미국의 숲 속에서도 의사소통을 할 수 있다는 것이다.

이렇듯 생존에 극히 필요한 소통을 위하여 표현과 내용 사이의 관계에 있어서 필연적인 양식을 취하며 선천적으로 습득되는 동물언어는 소리와 의미가 각각 독립된 체계를 가지고 임의적으로 결합하는 인간언어와 질적인 차이를 가지며, 또한 양적인 차이를 갖는 동인이 된다고 볼 수 있을 것이다.

셋째, 인간은 언어를 창의적으로 사용한다. 인간언어는 인간이 유한한 언어요소를 가지고 무한한 언어활동을 창의적으로 할 수 있다는 데에서 그 진가를 발휘한다고 할 수 있을 것이다. 어린 아이의 언어 습득은 이러한 창의성으로 이루어진다. 예를 들어 말을 배우는 한 어린 아이가 언어의 홍수 속에서 '나는 밥을 먹는다'라는 말을 알았다면, '나' 대신에 '너, 그이, 그녀, . . . ', '밥' 대신에 '사과, 우유, 과자, . . . ', '먹는다' 대신에 '본다, 버린다, 마신다, . . . ' 등을 창의적으로 사용할 줄 안다. 이것은 우리가 쓰는 언어가 매우 규칙적이고 체계적으로 이루어져 있기 때문에 가능한 것이다.

우리가 인간언어의 진수인 이러한 창의성을 이해하기 위해서는 '유한한 언어요소의 무한한 생성'을 가능케 하는 언어의 규칙성과 체계성을 이해해야만 한다. 만약 그렇지 않다면 아마도 인간은 평생을 배워도 말을 다 배우지 못할 것이다. 생성문법의 창시자인 Chomsky는 인간언어의 특성 중 이 점을 특히 강조하고 이를 '끝없는 생산성(open-ended productivity)'이라 부르며 언어능력을 인간 고유의 것으로 설명한다. 그는 인간이 언어를 습득한다는 것은 언어의 규칙을 습득하는 것이며, 체계적이고 유한한 규칙을 창의적으로 사용함으로써 무한한 언어를 짧은 시간 안에 습득할 수 있다는 것이다. 이러한 언어 생성능력은 동물언어에서는 절대로 찾아지지 않는 것이다. 사람의 말을 가장 잘 흉내낸다는 앵무새의 말을 들어보면 항상 똑같은 말만 되풀이할 뿐 바로 이 창의성을 찾아볼 수는 없는 것이다. Papagallo는 '굴뚝 청소부가 오고 있다'라는 말만 되풀이할 뿐 '굴뚝 청소부가 가고 있다'라는 말을 결코 창의적으로 할 수는 없는 것이다.

이러한 창의성은 인간의 정신작용과 깊은 관계가 있으며, 우리의 언어가 이렇듯 수많은 새로운 단어들을 만들어 내고 언어를 발전시킨 원동력이 될 뿐 아니라 이것은 분명 동물언어가 따라올 수 없는 인간언어와 동물언어의 질적 차이점이 될 것이다.

넷째, 인간언어는 상호 교환성과 전위성을 갖는다. 인간언어는 송신자인 말하는 이와 수신자인 듣는 이가 필요할 때면 언제고 그 기능을 바꾸어 가며 대화를 진행할 수 있는 상호 교환성을 가지고 있다. 즉, 인간은 대화 속에서 무한히 서로 뒤섞일 수 있다는 것이다. 그러나 동물언어에는 흔히 송신자의 기능과 수신자의 기능이 분리되어 있어 교신이 일방적으로 이루어진다. 꿀벌의 경우 춤을 추는 벌만이 춤으로써 어떤 행동을 유도할 뿐 다른 벌의 응답을 요구하지 않는다. 공작새는 수컷만이 그 화려한 꼬리를 부채꼴로 펴 암컷과 교신할 수 있으며, 새벽을 여는 닭 울음소리도 수탉만이 낼 수 있다. 동물의 경우 대부분 송신자는 수컷이 되고 수신자는 암컷이 된다.

또한 인간은 '현재'로부터 '과거', '미래'로, '이곳'으로부터 '그곳', '저곳'으로 얼마든지 전위시켜 말할 수 있다. 언어를 통하여 한없는 가상의 세계를 꿈꿀 수 있으며 거짓말도 아주 잘 할 수 있다. 그러나 동물은 항상 지각되는 현재만을 나타낼 수 있을 뿐이고 물론 거짓말도 할 줄 모른다. 동물의 언어에는 매순간의 현재만이 있으며 종(種)의 보존을 위해 필요한 항상 같은 생활만을 되풀이하고 있을 뿐이다. 인간만이 언어를 통하여 과거와 현재의 문화 유산과 역사적 경험을 미래에 전할 수 있는 것이다.

위에서 제시한 몇가지 언어의 특성에 비추어 인간언어와 동물언어를 비교해 보면 동물언어는 인간언어에 비하여 극히 제한적이며 그 차이가 다만 양적인 것에 지나지 않고 근본적으로 질적인 것에서 비롯된 것임을 알 수 있다. 또한 인간언어는 동물언어가 따라올 수 없는 얼마나 많은 장치들을 가지고 있는지를 알 수 있으며 인간이 언어를 소유한다는 것은 참으로 대단한 점이라는 것을 알 수 있다. 이제 우리는 영국의 철학자 Bertrand Russell의 다음과 같은 말의 의미를 아주 잘 이해할 수 있을 것이다.

"한 마리의 개가 아무리 감동적으로 잘 짖어댄다 할지라도 그 개는 결코 자기 부모가 가난했지만 정직했노라고 말할 수는 없을 것이다."

제3장

언어의 기원

3.1. 일원론과 다원론　인류는 언어를 언제부터 사용하게 되었을까? 인류 최초의 언어도 지금의 언어와 같은 형태의 언어이었을까? 몸짓언어의 형태에서 발달한 것은 아니었을까? 원시인도 우리와 같은 언어능력을 가졌을까? 하나의 같은 조상언어에서 다양한 언어로 분파한 것인가? 아니면 몇 개의 다른 조상언어로부터 분파한 것인가?

언어의 기원에 대한 우리 인류의 궁금증은 지대하고 그에 대한 설명으로도 많은 학자들의 다양한 가설들이 발표되었다. 오죽 했으면 1886년에 창립된 파리 언어학회에서는 언어의 기원에 관한 논문은 학회의 논문집에 일절 채택하지 않겠다는 원칙을 세웠겠는 가?

고대인들의 언어의 기원에 대한 관심이 지대했음을 그리스 의 역사가 Herodotos의 다음과 같은 기록에서 엿볼 수 있다. 고대 이 집트의 왕 Psammetichos는 세계 여러 언어 가운데서 어느 언어가 가장 오래된 것인지를 알아보려고 갓 태어난 두 아이를 서로 떼어서 사람들로부터 격리시켜 양과 더불어 키우면서 그들이 무슨 말을 하 는가를 조사하였다. 왕은 그 아이들이 사람의 말을 배우지 않으면 본능적으로 가장 원시적인 말을 하리라 생각했던 것이다. 그 결과 두 아이가 처음으로 낸 소리가 'bekos'라는 것이었다. 그런데 그 말 은 Phrygia 말로 '빵'을 의미하는 단어였다. 그래서 왕은 그 언어가 인류 최초의 언어였을 것이라고 생각하였다는 것이다. 물론 이러한 생각은 합당하지 못하다. 인간의 언어는 선천적으로 유전되는 것이 아니라 특정한 언어사회 안에서 습득되는 것이다. 그러므로 그 아이들이 'bekos'라고 발음하였다면 그것은 우연이었을 것이고 'bekos'라고 발음되는 단어는 Phrygia 말에만 있는 것이 아니고 찾아보면 다른 언어에서 얼마든지 다른 뜻으로 사용되고 있는 단어일 수 있는 것이다.

언어의 기원 문제는 고대로부터 현대에 이르기까지 인류의 호기심을 무한히 자극하는 주제임이 분명하다. 언어의 발생학적인 측면에서 고찰해 보면 이에 대하여는 두 가지의 가설이 있을 수 있다. 그 하나는 언어신수설로서 인간의 언어능력은 신이 부여한 것이라는 종교적 언어관이며 다음과 같은 구약성서에 그 근원을 두고 있다. 즉, 온 세상이 신이 준 하나의 말을 쓰고 있었는데 신이 땅에 내려와 인간이 세운 도시와 하늘에 닿도록 쌓은 탑을 보았다. 신은 이를 자신에 대한 도전으로 생각하여 사람들의 힘을 약화시키기 위해 그들이 쓰는 말을 뒤섞어 서로 알아듣지 못하게 하고 온 땅에 흩어 살게 함으로써 언어의 분화가 시작되었다는 것이다. 이것은 유명한 성서의 바벨탑 이야기로서 고대인들의 언어에 대한 지대한 관심을 엿볼 수 있는 대목이다. 위의 기독교적 언어관에 따르면 언어는 신의 선물이라는 것, 인류의 언어는 하나의 언어에서 분화한 것이라는 것, 인류 발전의 원동력은 말이라는 것 등을 알 수 있다. 중세까지는 기독교적 세계관 속에서 이러한 언어신수설이 널리 퍼져 있었다.

그러나 근세에 이르러 사람들은 이러한 언어신수설에 만족할 수가 없었고 계몽주의 철학자들은 인간이 스스로 언어를 발명하였다는 이른바 언어발명설을 제창하였다. 그러나 언어의 기원 연구가 보다 본격적으로 신수설에서 떨어져 나온 것은 19세기의 Darwin의 진화론 사상의 영향이었다.

언어 기원에 대한 가설은 다양하게 대두되었다. 자연발성음 기원설, 의성음 기원설, 원시적 노래 기원설, 몸짓 기원설, 접촉설 등이 있으나 어느 것 하나 근거 있는 학설은 없다고 볼 수 있다. 이러한 원시적 접근방법과 각도를 달리하여 생리학과 고고인류학적인 관점에서 언어 기원에 대한 설명을 시도한 Philip Lieberman의 가설은 기본적으로 언어가 소리와 뜻의 두 체계로 이루어졌다는 원칙에서 시작한다. 즉, 언어의 발생을 의미체계의 습득을 가능하게 하는 두뇌의 진화와 음성체계의 실현을 가능하게 하는 발성기관의 진화가 인류에게 일어났을 시기에 주목한다. 우선 언어를 사용하는 데 필요한 만큼의 두뇌력을 인간의 석기 제조법과 연관시켜 구석기 시대 중엽인 약 50만년 전으로 잡는다. 이 시기는 다양한 말소리의 발성을 가능케 하는 성문의 하강으로 인한 발성기관의 진화가 교차하는 시점이며, 인류가 Homo Erectus에서 Homo Sapiens로 될 즈음이다. 즉, 인간의 직립 후 성문이 하강하여 발성기관이 발달한 시점과 인간의 두뇌력의 발달이 함께 이루어진 시점을 인간이 언어를 사용하기 시작한 시기로 잡고 있는 것이다.

기독교적 언어관에서 비롯한 언어신수설이 단일인종, 단일언어에서 많은 인종과 언어가 분파하였다는 인간언어의 일원론을 주장한다면, 계몽주의적 언어관에서 비롯한 인간의 언어발명설은 인간언어의 다원론을 주장한다. 언어의 기원 문제는 어쩌면 우리가 다다르기에는 너무 먼 주제일 수 있다. 왜냐하면 현존하는 자료로 다다를 수 있는 것만이 과학적 연구가 가능한데 몇 만년전의 자료가 남아있기 어렵기 때문에 우리는 다만 추론할 수 있을 따름이다. 다만 20세기 초에 이루어진 역사비교언어학의 연구의 성과로 수천년에 걸친 관련 언어들 사이의 분기를 한 단계씩 역추적하여 공통의 조상언어에 이르는 과학적 연구의 결과를 갖고 있을 따름이다.

오늘날 지구상에 존재하는 언어의 수는 대략 4000~6000 개로 추산되며 이들 언어는 흔히 역사비교언어학자들에 의하여 다음과 같은 몇 개의 계통으로 분류되었다. 인도-유럽어족, 우랄-알타이어족, 아시아-아프리카어족, 드라비다어족, 코카서스어족, 중국-티베트어족, 오스트로네시아어족, 오스트로-아시아어족 등이 그것이다. 한국어와 일본어는 흔히 알타이어족으로 묶기도 하나 아직 증명되지 않은 상태에서 드라비다어족 등과의 관계가 조심스럽게 논의되고 있다.

이러한 비교언어학적 계통 분류에 대하여 민족의 이동과 관련한 어족의 분류가 시도되기도 하였다. 언어의 보편성을 추구하는 Joseph Greenberg 등에 의해서는 수십 개의 언어를 하나로 묶고 결국은 몇 개의 어족들도 공통특성으로 묶어 Nostratic이라는 원시 조상언어 등 거대어족을 제안하고 있다. 이러한 어족의 분류는 민족의 이동과 밀접한 관계가 있는데 이러한 이주와 관련된 유전적 가계도는 언어학적 가계도만큼이나 논쟁의 여지를 갖고 있다.

인류가 언어를 언제부터 사용하였는지, 하나의 조상언어에서 분화한 것인지, 우리 한국어의 조상언어는 어떤 언어인지에 대한 해답은 현재로서는 불가능하다. 다만 우리가 지금 목격할 수 있는 사실은 유구한 역사를 지닌 현재 지구상에 존재하는 다양한 언어들 중 많은 수가 사멸해 가고 있다는 것이다. 이렇듯 언어는 민족과 더불어 성장하고 사멸해 가는데 문명이 발달한 민족의 언어가 그렇지 못한 민족의 언어보다 더 발달한 언어라고는 결코 말할 수 없다. 그것이 인간의 언어이면 어느 언어를 막론하고 다 같이 완벽한 체계 속에서 사용되고 있는 것이다. 오늘날 전세계적으로 볼 때 50%의 언어들이 소멸해 가고 있으며, 약 600개의 언어들만이 최소한 10만 명 이상의 화자를 갖고 있어 안전한 상태이며 앞으로 소멸할 언어의 수는 점점 늘어날 것으로 추산되고 있다. 이러한 언어의 소멸은 세계 속에 존재해야 할 문화의 다양성의 소멸로 이어질 수 있기 때문에 인류는 위험에 처한 언어의 보존에 관심을 기울여야 할 것이다. 한 언어에는 한 문화가 고스란히 들어있기 때문이다. 우리가 우리말을 아끼고 보존해야 할 필요성이 여기에 있는 것이다. 한국어에는 한국인의 삶과 그들이 이루어낸 문화가 숨쉬고 있기 때문이다.

3.2. 진화론과 생물학적 설명

진화론자인 Darwin은 언어능력이 삶의 기술을 습득하려는 동물의 본능적 경향이며 인간에게

만 고유한 것이 아니라 지저귀는 것을 배우는 새에게서도 발견된다고 하였다. 그는 언어를 하나의 진화적 적응의 결과로 간주한다. 즉, 인간의 언어는 인간의 생물학적 특성의 일부인 본능일 수밖에 없다는 결론에 도달한다. 번식의 성공률을 높여주는 무작위적인 유전적 돌연변이가 여러 세대에 걸쳐 점진적으로 축적됨으로써 복잡한 생태계가 발생했다는 진화론 이론에 비추어 인간의 고유한 언어 본능도 인간이 이러한 생태계에 가장 적절하게 적응하면서 진화해 온 선천적인 본능이라는 것이다.

그렇다면, 진화론적으로 볼 때 인류와 가장 가까운 영장류인 침팬지, 원숭이, 고릴라의 소통 방법은 인간의 언어와 비슷한 점은 없는지가 관찰될 필요가 있을 것이다. 이들은 자연 생태계에서 음성, 몸짓, 후각, 촉각 등으로 몇 가지를 교신하는 것이 관찰되었으나 극히 제한되어 있었으며, 새로운 상황에 적응해서 새로운 신호가 나타나지도 않았으며 대개의 고정된 신호에 한정되어 쓰이고 있었다. 이러한 사실에 대해 일부 동물심리학자들은 원숭이류가 인간다운 언어를 구사하지 못하는 것은 인간의 생활환경과 다르기 때문이라고 볼 수도 있기 때문에 인간과 똑같은 환경에서 그들에게 인간언어를 가르치면 어떤 결과가 나올지가 궁금했다. 그래서 침팬지의 언어습득을 위한 실험들이 1930년대부터 1970년대까지 다양하게 이루어졌다. 다음의 사례들을 참고해 보자.

Gua에게는 말을 시키지는 않았고 말을 알아듣도록만 가르쳤는데 16달만에 약 100개의 어휘를 구별해서 알아들을 수 있었다.

Viki에게는 발성능력을 시험하기 위해 소리를 배우게 했는데 겨우 'mama', 'papa' 등 서너 단어를 엉성하게 할 수 있을 뿐이었다.

Washoe에게는 두뇌력을 시험하기 위해 수화(手話)인 「미국 기호 언어」(American Sign Language)를 가르쳤다. 한 살이 좀 넘어서 배우기 시작하였는데 14살이 되어 약 250개의 기호를 사용할 수 있었으며 두 개의 기호를 결합하여 사용하기도 하였다.

Nim Chimsky에게도 이와 똑같은 ASL을 교육시켰는데 약 4년만에 125개의 기호를 배울 수 있었으며, 두 기호를 결합한 일종의 '문장'을 1,300개나 만들 수 있었다.

Sarah에게는 언어기호의 자의성에 대한 시험으로 모양과 색에 있어서 실물과 전혀 닮은 데가 없는 플라스틱 기호를 사용하였는데 몇 개의 기호들을 연결해서 '문장'을 만들었고 생략된 구절까지 염두에 두고 문장을 이해하고 구성할 수 있었다.

몇몇 연구자들은 위의 침팬지들에 대한 실험에서 몇 가지 놀랄 만한 성과를 지적한다. 그들이 두 개의 기호를 결합하여 사용할 수 있었다는 것은 인간이 통사구조를 습득하기 바로 전 단계로 그들의 준언어능력으로 볼 수 있으며, 또한 그들은 서술문뿐 아니라 의문·부정·비교·조건절도 다룰 수 있었으며, 배우지 않았던 새로운 진술도 할 수 있었다고 한다. Washoe는 그녀가 배우지 않았으나 냉장고를 열기 위한 요청으로 '음식을 열다·마시다'를 말했던 것으로 기록되어 있다. 그러나 위의 실험들에는 조심스럽게 접근해야 할 필요성이 있다. 이러한 실험 결과는 그들이 사람들을 우연히 흉내내서 일어날 수도 있고, 관찰자의 자의적인 해석이 들어갈 수도 있다는 점에서 신중을 기해야 한다.

동물이 인간다운 언어를 배울 수 있느냐에 대한 실험은 아직도 계속되고 있기 때문에 확답을 내릴 수는 없지만 긍정적인 대답을 얻기까지는 요원해 보인다. 대부분의 언어학자들은 인간에게 고유한 언어가 다른 동물에게도 똑같이 적용되는 자질이라는 데에 동의하지 않는다. 특히 Chomsky와 생성문법학자들은 언어능력은 인간만이 가질 수 있는 특권이며 동물의 언어와는 질적으로 다른 것이라고 강하게 항변한다.

Darwin이 생물의 진화론을 제시하였을 때 그는 인간이 우주에서 매우 특이하고 유일한 존재라는 확신에 도전하였다. 이러한 진화론은 인간만이 언어를 소유한다는 생각에 많은 의문점을 갖게 하였으며 동물세계에도 언어가 존재할 수 있으리라는 가능성에 대하여 많은 연구를 하게 하였다. 그러나 아직 우리 세대에도 다음과 같은 진술은 참이다.

"모든 동물은 의사소통을 할 수 있다. 그러나 인간만이 언어를 가지고 있다."

제4장

언어 습득

4.1. 학습과 습득

인간은 언어를 어떻게 습득하게 되는가? 인간은 누구나 자기의 모국어를 어떻게 갖게 된 줄을 기억할 수도 없는 어린 시절에 자연스럽게 습득하여 평생을 사용한다. 대부분의 어린이들은 한 살이 되면 말하기를 시작하여 한 살 반이 되면 단어들을 조합하며 늦어도 세 살이 되면 문법적인 문장으로 유창하게 대화할 수 있으며 특별히 교육하지 않아도

문법의 천재가 된다. 인간의 언어 습득은 인간의 다른 정신적 발달에 비해 빠른 속도로 진행되는데 성장하는 뇌가 처리할 수 있는 최대의 속도로 발달하는 것처럼 보인다.

이렇듯 어린 시절에 빠르고 자연스럽게 습득되는 모국어와는 달리 우리가 성장한 후에 외국어를 배우려면 오랫동안 상당한 노력을 의식적으로 기울여도 그것을 완전히 습득하기란 불가능해 보인다. 특히 대부분의 성인들은 외국어의 특수한 억양은 절대로 숙달하지 못한다고 한다. 이러한 차이는 근본적으로 어디에 있는 것인지, 언어는 과연 어떠한 과정을 통하여 습득되고 배워지는 것인지에 대한 관심은 매우 흥미로운 것이 아닐 수 없다.

생성문법(generative grammar)학자 Chomsky는 어린아이는 말을 배우는 것(learning)이 아니고 습득하는 것(acquisition)이라고 하여 과거의 구조문법(structural grammar) 학자들과의 차이를 분명히 하고 있다. 구조문법 학자들은 어린 아이가 말을 배우는 것은 마치 피아노를 칠 수 없는 사람이 피아노 치는 법을 배우면 피아노를 칠 수 있듯이 하나하나 기억 속에 저장함으로써 배워가는 것이며, 말을 배우기 전의 어린 아이는 하얀 백지 상태처럼 아무것도 가지고 있지 않다고 한다. Chomsky는 이와는 아주 다른 설명을 하고 있는 것이다. 즉, 인간은 동물과는 달리 태어나면서부터 언어를 습득할 수 있는 특별한 장치인 LAD (Language Acquisition Device 언어습득창치)를 두뇌 속에 가지고 태어나며 언어의 홍수 속에 던져진 어린 아이는 이 LAD를 가동시킴으로써 복잡한 언어체계를 빠른 기간 안에 완전히 습득할 수 있다는 것이다. 언어능력은 일반적인 지적 능력과는 다르며 인간의 뇌 속에는 모든 언어에 공통된 보편문법(universal grammar)이 선천적으로 갖추어져 있다는 것이다.

실로 Chomsky는 언어학계에서 혁명가라는 칭호를 받을 만큼 혁신적인 언어이론을 주창하였고 언어학 발전에 혁혁한 공헌을 한 장본인으로 아직도 언어학계는 그의 충격에서 벗어나지 못하고 있는 실정이다. 그는 인간의 언어(language)가 인간의 정신(mind)과 갖는 관계에 특히 주목하며 언어활동이 인간만이 갖는 정신작용이라는 데에 굳은 신뢰를 가지고 정신문법의 이론을 펴나간다. 그러므로 언어는 그대로 정신이며 정신을 지배하는 두뇌 어느 부분에 인간 고유의 언어능력(linguistic competence)을 관장하는 부분이 존재하며 그곳에 LAD가 내장되어 있다는 것이다. 또한 언어는 인간의 정신이 그러하듯이 합리적이고 체계적이고 논리적이며 또한 매우 규칙적이라는 것이다. 그에게 있어서 언어란 유한한 요소와 규칙을 가지고 무한한 수의 문장을 생성해내는 문법체계인 것이다. 그러므로 어린 아이가 언어를 습득한다는 것은 몇 개의 유한한 요소와 규칙을 습득하는 것을 의미하며 그가 갖는 선천적 언어능력으로 이를 창조적으로 무한히 운영할 수 있는 것이다. 이러한 언어능력은 인간만이 가질 수 있는 것으로 인간이 다른 유기체와 다른 독특한 존재이게 하는 인간 고유의 능력인 것이다. 이러한 언어능력은 습득된 모국어에 대해서 언어적 직관(intuition)을 갖게 하여 어떠한 문장이 문법적인가 비문법적인가를 판단할 수 있게 한다. 그러나 언어습득기를 지나서 배우게 된 외국어에 대해서는 인간은 이러한 언어능력을 갖기 어려운데 이는 LAD가 일정 기간이 지나면 인간의 뇌 속에서 사라져 버리기 때문이라고 한다.

우리는 잠꼬대하는 중에도 모국어에 대해서는 올바르게 사용하면서도 아무리 노력을 기울여 머리 속에 준비된 문장을 말하여도 그것이 외국어인 경우에는 틀린 것이 있기 마련이다. 그러나 태어나면서부터 즉, LAD가 사라지기 전에 한 개 이상의 언어를 습득하는 것은 가능하다고 한다. 만약에 미국에서 태어난 한국 어린이가 한국어와 영어를 동시에 완전히 습득하였다면 그에게는 한국어와

영어 둘 다 언어학적으로 모국어가 되며 이중언어 사용자(bilinguist)
가 되는 것이다.

　　Chomsky와 그의 제자들은 실제로 인간의 언어 습득기에 대
한 가설을 실험을 통하여 발표한 바가 있는데 가장 중요한 제1차 시
기를 4세 이전으로 잡고 있다. 즉, 이 시기 이전에 언어를 습득하지
않으면 그 언어에 대하여 모국어에서처럼 완전한 언어능력을 가질
수는 없다는 것이다. 제2차 시기를 7세 이전, 제3차 시기를 11세 이
전으로 잡고 있다. 7세 이전까지는 모국어에 가까운 능력이 가능하
지만 그 이후로는 시기가 늦어질수록 점점 더 불완전한 언어를 배우
게 되며 11세가 넘어 언어를 배우면 아무리 많은 노력을 하여도 불
완전한 언어 사용을 할 수밖에 없다는 것이다. 이것은 나이가 들수
록 점점 뇌 속에서 LAD가 사라지기 때문이라고 설명하고 있다.

　　그렇다면 인간이 갖는 LAD는 왜 일정한 시기가 지나면 사
라져 버리는 것일까? 그것은 6-7세 시기에 발생하는 대사율과 뉴런
수의 감소, 그리고 사춘기 무렵에 발생하는 시냅스 수와 대사율의
최저치 등과 같은 뇌의 성숙도 변화와 관계가 있을 것이다. 뇌의 언
어학습 회로가 아동기에 훨씬 유연하며 아이들은 뇌의 좌반구가 손

상되어도 언어를 습득할 수 있으나 성인의 경우에는 실어증이 되고 만다는 것이다.

4.2. 야생아와 고립아

우리에게 잘 알려진 늑대소녀 Amala 와 Kamala(後에 사람들이 붙여준 이름 임)의 야생아 이야기는 인간의 언어습 득 시기와 관련하여 시사하는 바가 있 다. 즉, 일정한 시기가 지나면 언어 습득이 어렵다는 것이다.

1차세계대전 후 1920년 인도 Bengal지방의 늑대굴에서 늑대에 의해 양육된 것으로 보이는 두 소녀가 발견되었다. Kamala의 나이는 7-8세 정도, Amala의 나이는 1-2세 정도로 보였고 말을 전혀 할 수 없었으며 여러 가지 동물적 습성을 보여주고 있었다. 둘 다 기어 다녔고, 음식은 혀로 핥아 먹었으며, 밤에 일정한 시간이 되면 세 번씩 짖어댔다. 1년이 채 안되어 Amala가 병으로 죽자 Kamala는 6일 동안을 먹지 않고 울었다. 그 후 Kamala에게 말을 가르치려고 노력 했는데 약 4년 동안에 45개의 단어를 습득시키는 것으로 끝났고 그

후 얼마 안 있어 Kamala도 병으로 죽었다.

또한 최근(1970년)에 Los Angeles에서 발견된 고립아 Genie의 경우도 인간의 언어 습득이 일정한 시기에 이루어져야 한다는 것을 말해 준다고 볼 수 있다. Genie의 부모는 자기들의 천진난만한 딸이 세상에 물드는 것을 두려워하여 벽장에 가두고 외부와의 접촉을 일체 금지시키며 키웠다. 발견 당시 13세 반이었으며 말을 할 수 없었다. 그 후 Genie의 말을 배우는 과정은 마치 외국어를 배우는 과정과 흡사했으며 말을 배운 뒤에도 미숙한 문장으로 말을 했다는 것이다. 그것은 그녀가 문법을 완전히 습득할 수 없었음을 말해 주며, 인간과 고립된 상태에서 전혀 언어의 자극을 받지 못함으로써 선천적인 언어 습득 능력이 뇌에서 사라진 후에 언어를 배우기 시작하였기 때문이라고 볼 수 있다.

이러한 야생아나 고립아의 이야기는 인간의 언어 습득이 언어와의 끊임없는 접촉이 없이는 불가능하다는 것, 즉 언어는 선천적으로 물려받는 것이 아니라 그것을 습득할 수 있는 언어능력만을 가지고 태어난다는 것과 또한 그것을 습득하는 시기도 제한적이라는 것을 말해 준다. Chomsky의 주장처럼 인간은 LAD같은 인간만의 고유한 장치를 가지고 태어나며 어느 일정기간이 지나면 그것이 없어지는 것인지도 모른다. Chomsky의 인간의 언어 습득에 관한 새로운 견해는 인간언어와 동물언어의 근본적이고 질적인 차이점에 설명력을 제공하며, 모국어 습득과 외국어 학습의 차이점에 대하여도 설명해 낼 수 있는 근거를 마련한다고 볼 수 있다.

제5장

언어 상실

5.1. 뇌와 언어능력

언어가 정신작용의 산물이라면 인간의 언어능력을 총체적으로 지배하는 신체기관은 인간의 뇌이다. 뇌에 손상을 입으면 언어활동에 지장을 초래하는 것을 보더라도 언어능력의 기저에 생리적 기관인 뇌가 있음을 알 수 있다. 발음기관을 움직이고 복잡한 말소리를 분간하는 능력도 다 뇌의 기능이다. 이와 같이 언어활동과 뇌의 구조를 연구히는 학문을 신경언어학(neurolinguistics)이라고 한다.

그렇다면 과연 뇌의 어느 부분이 인간의 언어능력을 관장하는 것일까? 아직까지 언어기관 같은 것은 확실히 밝혀지지 않았지만 차츰 더 많은 것이 밝혀질 수 있으리라고 기대하고 있다. 왼뇌에 손상을 입으면 오른뇌의 손상보다 언어적으로 장애를 더 많이 받는 경향이 있고, 뇌의 앞쪽에 상처를 입으면 말의 산출이 어려워지고, 뇌의 뒤쪽에 상처를 입으면 듣고 이해하는 데 지장이 생기는 경향이 있다. 이러한 사실을 통해서 우리는 뇌의 각 반구의 다른 부위는 서로 다른 기능을 통제하고 있다는 것을 알 수 있다.

인간의 대뇌는 좌·우로 나누어져 있으며 왼쪽 반구는 특히 언어처리를 통제하고 있으며 오른쪽 반구는 공간시각적 처리와 같은 능력을 통제하고 있다. 많은 인지심리학자들은 복합적으로 구성된 물체를 인식하고 상상하거나 한 단계씩 논리적으로 추리하는 일처럼 부분들의 순차적 조정과 배열을 요하는 다양한 정신적 과정들이 좌반구에 공존한다고 생각한다. 좌반구의 IQ 지수는 두뇌의 IQ 지수와 같다고 하므로 거의 모든 지적인 활동은 좌반구를 통한다고 할 수 있겠다. 좌반구는 거의 모든 오른손잡이들의 언어를 통제하나

(97%), 우반구는 왼손잡이들 중 소수에 불과한(19%) 언어를 통제하며, 나머지 왼손잡이들의 언어는 좌반구(68%) 또는 양쪽 반구에 모두 존재한다는 보고가 있다.

< 왼뇌의 측면도 >

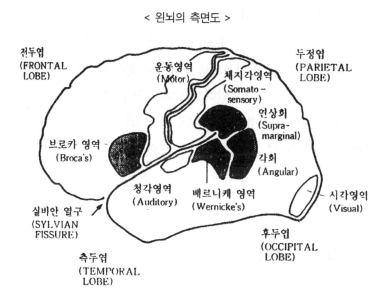

그렇다면 왼뇌의 특히 어느 부분이 언어능력을 지배하는 것일까? 물론 언어가 뇌의 왼쪽 전체를 사용하는 것은 아니다. 뇌손상으로 언어장애가 발생한 환자의 약 98%가 좌반구의 특정한 어느 부

분에 손상이 있었다. 그 부위는 sylvian, perisylvian 부위로 그 중에서도 브로카 영역(Broca's area-앞쪽), 베르니케 영역(Wernicke's area-뒤쪽) 등이 위치하는 영역으로 연구되었다. 그 중에서도 특히 브로카 영역을 언어능력의 전반적 지배를 하는 1차적 언어기관으로, 베르니케 영역을 2차적 언어기관으로 보고 있다. 베르니케 영역은 단어를 조회하여 이들을 브로카 영역으로 보내는 역할을 하며, 브로카 영역은 이 단어들을 통사적으로 조립 혹은 분석하여 문법적 처리를 하는 역할을 하는 것으로 알려지고 있다. 또한 흔히 브로카 영역은 말의 산출, 동사의 사용에 관여하며, 베르니케 영역은 말의 이해, 명사의 사용에 관여하고 있는 것으로 알려졌다.

5.2. 실어증과 망각

인간은 언어를 한 번 습득하면 특별한 신체적인 장애를 받지 않는 한 죽을 때까지 이를 사용할 수 있다. 그렇다면 인간은 신체의 어느 부위에 손상을 받을 때 언어장애가 일어나는 것일까? 언어는 본질적으로 소리와 뜻으로 구성되어 있으므로 소리를 관장하는 신체기관이나 뜻을 관장하는 신체기관에 장애가 일어났을 때일 것이다. 소리를 내고 듣는 기관으로서는 모든 발음기관과 청각기관이 관계할 것이며, 인간의 발음기관으로서는 폐장에서 기도, 성대, 후두, 인두, 목젖, 코, 입천장, 혀, 이, 입술에 이르는 기관이 발음에 관여한다. 물론 인간의 이러한 신체기관이 항상 발음을 위해서만 존재하는 것은 아니다. 이들은 숨을 쉴 때 혹은 음식을 먹을 때에도 매우 중요한 기관이다. 그러나 인간이 언어활동을 할 때에 이들 중 어느 하나에라도 문제가 생긴다면 완벽한 언어활동을 할 수가 없다. 또한 이런 소리의 세계를 관장하는 신체기관보다도 더욱 중요한 신체기관은 뜻의 세계를 관장하는 인간의 뇌이다. 그러므로 뇌에 어떠한 장애가 생긴다면 언어 사용에 있어서 치명적이라고 할 수 있는 것이다.

실어증(aphasia)은 대뇌피질의 손상으로 일어나는 언어장애이다. 여러 유형의 실어증이 있는데, 그 중 널리 알려진 것은 프랑스의 의학자 Broca가 발견한 것이다. 그는 'tan'이라는 한 음절만 유일하게 발음할 수 있는 실어증 환자의 뇌를 절개했다. 그 사람의 좌반구에서 커다란 낭종을 발견함으로써 조음을 위한 능력이 좌반구에 있음을 알았으며 그 후 많은 증거들에 의해 이것이 확증되었다. 그리하여 그는 대뇌피질의 여러 부분이 각기 다른 기능을 하고 있으며 왼쪽 대뇌 반구가 언어 기능과 밀접한 관계가 있음을 제시하였다. Broca가 지적한 대뇌피질의 부위를 브로카 영역(Broca's area)이라고 하는데 언어의 생성에 관여하는 문법적 처리 전반을 관장한다. 또한 이 영역에서 기인하는 언어장애를 브로카 실어증(Broca's aphasia)이라고 하는데 나타나는 증상으로는 이해력은 양호하고 발음기관은 충분한 기능을 하나, 환자의 말이 유창하지 못하고 문법형태소 특히 굴절형태소의 생략이 심하다.

브로카 영역은 섬유질 띠에 의해 베르니케 영역(Wernicke's area)과 연결되어 있는데 이 영역의 손상으로 인한 언어장애를 베르니케 실어증(Wernicke's aphasia)이라고 부른다. 이 실어증의 증세는 약간 문법적인 구를 유창하게 말하지만 말은 의미가 통하지 않으며 신조어들로 가득 차 있으며 다른 사람의 말을 이해하는 기미가 전혀 보이지 않는다는 점이다.

이러한 심각한 실어증과는 다르지만 건망증(anomia)이라는 일종의 실어증이 있는데 이것도 베르니케 영역 가까운 어느 지점의 손상으로 일어난다. 건망성 실어증 환자들은 동사는 별 어려움 없이 사용하지만 명사의 사용에 문제가 생긴다. 이와는 반대로 브로카 실어증 환자들은 동사의 사용에서 어려움을 겪는데 그 이유는 동사가 통사론에 밀접하게 연결되어 있기 때문일 것이다. 건망성 실어증 환자들은 명사 사용에 있어서 다양한 형태의 곤란을 보여준다. 어떤 이들은 구체명사가 아닌 추상명사에서, 어떤 이들은 무생물에 관한 명사가 아닌 생물에 관한 명사에서, 어떤 이들은 고유명사에서, 어떤 이들은 색채어에서, 어떤 이들은 신체 부위 명사에서 어려움을 보여준다.

실어증에 빠진 많은 사람들이 우측에 마비가 오는 것은 좌반구에 손상이 있기 때문인데 이는 신체와 지각 영역의 오른쪽 절반은 뇌의 좌반구가 통제하고 왼쪽 절반은 우반구가 통제한다는 간단한 사실에 근거한다. 정상적인 사람들도 왼쪽에서 불이 비칠 때보다 오른쪽에서 비칠 때, 그리고 상이한 단어들이 동시에 두 귀에 들려오는 경우에도 오른쪽 귀가 더 정확하게 단어를 인식한다고 한다. 일부 실어증 환자 중에는 여전히 음악을 즐기는 사람이 있는데 악곡은 우반구의 통제를 받기 때문이다.

청각장애인들의 실어증도 이와 유사하게 나타나는데 좌반구에 손상을 입은 청각장애 수화자들은 여러 형태의 수화 실어증을 겪는다. 그러나 우반구에 손상을 입은 청각장애 수화자들은 완벽하게 수화를 해내지만 공간시각적 과제들을 수행하는 데 어려움을 겪는다. 이는 수화가 공간시각적 능력에 의존하며 우반구에서 통제될 것이라는 예상을 뒤엎고 언어는 좌반구에 의해 통제된다는 것을 보여주는 것이다. 수화 역시 인간의 음성언어와 마찬가지로 브로카 영역과 베르니케 영역에 의존하고 있는 것처럼 보인다.

우리는 지금까지 뇌와 언어능력과의 관계를 주로 언어장애가 일어나는 현상을 중심으로 살펴 보았다. 만약 우리가 어떤 언어장애가 뇌의 어느 부위의 손상으로 일어나는가를 세밀하게 알아낼 수 있다면, 두뇌의 각각의 영역에 대하여 언어의 상이한 부분이 각각 상응하는 두뇌의 해부도를 그릴 수 있을 것이라는 전망도 해볼 수 있을 것이다. 그러나 여기에 대해서는 전통적으로 부정적인 시각이 있었다. 즉, 뇌는 다진 고기를 구운 덩어리와 같이 감각과 운동을 제외한 여러 가지 정신적 처리 과정들이 뇌 전체에 폭넓게 분포되어 있는 신경활동의 전체적 형태들이라는 것이었다.

언어를 담당하는 부위들이 아주 세밀한 방식으로 구분되어 조직되어 있는지에 대한 연구는 더 이루어져야 하겠지만 흥미로운 부분이 아닐 수 없을 것이다. 왜냐하면 지금까지 우리가 추상적으로만 말해 왔던 LAD같은 언어능력이 뇌의 어떠한 부위에 존재한다는 것이 확실하게 판명이 된다면 언어와 정신과의 관계에 대하여 이보다 더 명확한 설명은 없기 때문이다.

그렇다면 인간과 유전적 유산을 가장 많이 공유한 침팬지의 두뇌 구조는 인간의 두뇌 구조와 어떠한 차이가 있기에 언어능력에 차이가 있는 것일까? 이를 연구한 학자들에 따르면 인간과 침팬지의 두뇌를 구별하는 데 상당한 어려움을 겪을 만큼 총체적으로 침팬지 두뇌는 인간 두뇌와 비슷하다는 것이다. 그러나 몇 가지 점에서 언어능력에 직접 관련되는 차이가 있는데 우선 침팬지에게는 브로카 영역이 없다. 베르니케 영역에 해당하는 영역은 두 대뇌반구에서 작고 대칭적인데 이들을 연결시킬 신경 통로가 없다는 것이다. 즉, 침팬지는 인간에게 중요한 언어영역으로 알려진 뇌의 부분을 가지고 있지 않은 것이다.

침팬지는 발성에 관련된 뇌 영역으로 사지체계(limbic system)로 집합적으로 알려지는 것의 일부를 가지고 있을 뿐이다. 이것을 통하여 침팬지는 소리를 전할 수 있고 그 소리에 일정한 의미를 담

을 수 있다. 침팬지는 약 30개의 서로 다른 소리를 갖는데 감정의
상태에 따라 다른 강도로 전한다고 한다. 침팬지가 발성에 사용하는
사지체계라는 것은 뇌의 깊숙한 곳에 있으며 인간의 의사소통에는
이미 큰 중요성이 없다고 한다. 인간의 사지체계는 고통이나 심한
정신적 구속의 상황 아래서만 언어와 관련된다고 한다. 예를 들면
사람이 갑자기 몸을 다쳤을 때 지르는 비명같은 것이다.

언어학의 최종 목표는 언어가 어떻게 작용하는지에 대한 충
분한 설명을 하는 것이고, 이 설명은 인간의 두뇌가 어떻게 언어를
생성하는지에 관한 설명을 포함해야 한다. 이런 목표는 오랜 동안
과학의 범위를 넘어서는 불가능한 것으로 가정되었었다. 그러나 최
근 두뇌 구조와 언어 이론의 상호 작용에 관하여 연구하는 신경언어
학의 발달로 많은 진전이 이루어졌다. 두뇌의 전자회로 체계를 통해
서 언어의 규칙을 추적하는 일은 아직도 과학 소설에서나 다룰 일이
지만, 이것은 이미 불가능한 일은 아니다.

제6장

언어 보편성

6.1. 보편성과 특수성

지구상에 존재하는 수많은 인간의 언어들은 언어마다 특수한 성질을 가지고 있는가 하면 인간언어에 공통되는 성질을 또한 가지고 있다. 이런 인간 언어에 존재하는 공통 특성을 언어 보편성(language universality)이라고 하고, 언어 연구에서 이를 추구하는 문법이론을 보편문법(universal grammar)이라고 한다. 언어가 정신의 산물이라면 인간 정신의 보편성은 인간 언어의 보편성으로 나타난다고 볼 수 있으며, 이러한 생각은 전통적으로 인간의 이성에 기초한 합리주의(rationalism)에 그 기반을 두고 있다. 'logos'라는 단어는 기원적으로 '말, 이성, 논리'를 의미한다. 이는 언어가 논리적이고 합리적이라는 생각을 반영한 것이며 이러한 생각이 언어 보편성으로 발전했다고 볼 수 있다.

한편 이러한 인간의 선험적이고 보편적인 이성에 대한 신뢰보다는 경험적이고 개별적인 특수성을 강조하는 언어관이 있을 수 있다. 이 이론은 언어들이 각기 특수하고 다르게 구성되어 있으며 서로 다르게 현실을 의미한다는 이론으로, 언어에 대한 상대성 이론 등이 이러한 언어관을 강하게 가지고 있었으며 일반적으로 구조문법 학자들에 의해서 견지되었다고 볼 수 있다. 현대 언어학에서 흔히 사용하는 기본적인 용어 '구조(structure)'의 개념은 언어란 낱낱이 원자적인 요소가 일직선 상의 순서를 가지고 연결되는 평면적인 것이 아니고, 언어를 구성하는 요소들이 체계적이고 계층적으로 구성되며 입체적으로 짜여있다는 생각이다. 이러한 개념은 유럽과 미국의 언어학자들에 따라 약간씩 다른데, 유럽에서는 구조를 전체의 부분으로의 배열과, 서로 조건 지우는 전체의 부분들 사이에 확립된 연대성으로 이해한다. 대부분의 미국 언어학자들에게 있어서 구조는 확인된 요소들의 분포이며, 이들 요소들의 연합 또는 대치의 가능성을 뜻한다. 유럽의 구조주의가 체계를 구성하는 요소보다는 체계 자체에 우위에 둔다면, 미국의 구조주의는 구성요소들을 엄밀하게 분석해 내는 과정에 주의를 집중시킨다.

언어는 구조 내의 부분들 사이의 체계적 짜임으로 볼 수 있는데, 한 가지 유의할 점은 이러한 언어에 있어서 구조의 개념은 구조문법 학자들뿐만 아니라 생성문법 학자들에게도 중요한 개념이라는 것이다. 실로 Chomsky의 구구조문법도 이러한 구조의 개념에서 출발하고 있는 것이다. 차이가 있다면 구조문법 학자들이 각 개별 언어의 특수한 구조의 기술에 주력하였다면 생성문법 학자들은 언어 보편적인 구조의 설명에 언어학의 목표를 두었다는 것이다.

언어 보편성은 언어를 이루고 있는 모든 층위 -음운, 형태, 통사, 의미-에서 다양하게 찾을 수 있다. 층위(hierarchy)란 언어를 구조적 체계로 볼 때 구조를 이루고 있는 작은 단위요소로부터 큰 단위요소까지까지 이르는 계층적 분류를 말한다. 음소, 형태소, 단어, 절(문장) 등은 언어를 이루는 단위요소가 되며, 그것들은 각각 자신이 속한 층위에 분포하면서 상위층위와 구조적으로 연결되어 있다.

언어 층위 중에서도 그 중심이 되는 통사층위의 보편성에 대하여 설명해 보자. 언어구조의 중심을 이루고 있는 통사구조는 기본적으로 모든 언어의 기저에 있는 인간의 정신구조에 적합한 보편적인 논리구조(logical structure)와 그 틀을 같이하고 있다고 볼 수 있다. 하나의 논리구조는 논리적으로 그리고 언어적으로 하나의 명제(proposition)를 구성한다. 명제는 언어 보편적으로 '누가, 누구에게, 무엇을, 어찌한다' 등으로 이루어지며, '어찌한다'라는 하나의 서술어와 '누가, 누구에게, 무엇을'이라는 몇 개의 의미역으로 이루어진다. 이러한 명제는 언어마다 일정한 통사구성 방식에 의해 문장으로 구성되지만 그것의 기저구조인 논리구조가 갖는 보편성으로 인하여 통사구조는 보편적 특성을 함께 갖게 되는 것이다.

즉, 언어마다 '누가, 누구에게, 무엇을'에 해당하는 명사구(N P-noun phrase) 논항과 '어찌한다'의 동사(V-verb)를 가지고 있으며 이들 구성요소는 각자의 언어가 갖는 통사규칙에 따라 일정한 순서로 구성된다. 한국어에서는 '그가 나에게 책을 주었다'와 같이 구성되고, 영어에서는 'He gave me a book'과 같이 구성된다. '누가'에 해당하는 주어(S)의 위치는 두 언어 모두에서 문장 맨 앞에 오는데, 이는 '인간언어의 90%는 주어가 문두에 온다'는 어순에 관한 보편성의 하나이다. 두 언어의 차이는 목적어(O)와 동사(V)의 순서 즉, 동사의 위치이다. 한국어는 SOV 언어로서 동사가 맨 마지막에 오고 영어는 SVO 언어로서 동사가 주어 다음에 온다. 주어가 문두에 오는 언어 중에서 SOV 언어와 SVO가 차지하는 비율은 반반이다.

이러한 언어 보편성에 대한 관심은 Chomsky를 중심으로 한 생성문법학자들에 의하여 깊이 있게 논의되었다. Chomsky는 인간의 정신구조와 언어구조가 직접적으로 연결되었다고 생각하기 때문에 이러한 정신구조의 보편성이 언어구조의 보편성으로 실현되는 과정의 규칙을 설명해내는 것을 언어학의 목표로 삼는다. Chomsky와는 다른 관점에서 언어의 보편성에 관심을 가진 학자는 Joseph Greenberg로서 그는 실제 많은 언어의 자료를 조사하여 통계를 냄으로써 언어의 보편성을 설명하려 한 것이다. 위의 설명 중 명제의 보편성에 관한 것은 생성문법적 접근이고, 어순에 관한 보편성은 Greenberg의 연구이다.

6.2. 소리의 보편성

언어의 보편성은 언어의 여러 층위에서 찾아볼 수 있는데 음성층위에서도 이를 살펴볼 수 있다. 사람의 발성기관 혹은 발음기관은 폐장에서 입술까지 동일하기 때문에 그들이 내는 소리에도 보편성이 존재할 수밖에 없을 것이다. 사람은 호흡과 더불어 소리를 내고 있는데 대부분이 숨을 내쉴 때 나는 날숨소리를 이용하고 있다. 아주 드문 경우 들숨소리를 이용하는 언어도 있으나 자연스러운 날숨소리를 이용하는 것이 언어 보편적이다. 우리가 흔히 내는 들숨소리로는 혀차는 소리, 딸꾹질 소리 등이 있다.

또한 모든 언어가 닿소리(consonant)와 홀소리(vowel)를 결합하여 음절(syllable)을 구성하며, 닿소리나 홀소리를 내는 위치나 방법에 있어서도 크게 다르지 않다. 홀소리의 경우 혀의 높이에 따라 고모음 [i], 중모음 [e], 저모음 [a]를 가지며, 혀의 위치에 따라 전설모음 [i] [e]와 후설모음 [u] [o] 등을 언어 보편적으로 갖는다.

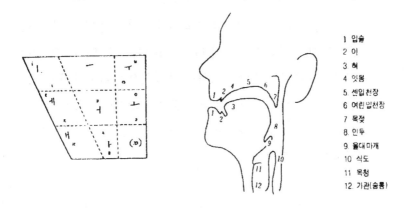

<홀소리의 위치>   <발음기관>

1. 입술
2. 이
3. 혀
4. 잇몸
5. 센입천장
6. 여린입천장
7. 목젖
8. 인두
9. 울대마개
10. 식도
11. 목청
12. 기관(숨통)

　　닿소리의 경우에도 소리를 내는 위치에 따라 입술소리 [p]
[m], 잇소리 [t] [n] [l], 센입천장소리 [s] [j], 여린입천장소리 [k] [ŋ],
목구멍소리 [h]등을 가지며, 소리를 내는 방법에 따라 터짐소리[p]
[t] [k], 갈이소리[s] [h], 콧소리[m] [n] [ŋ], 흐름소리[l] 등을 언어 보
편적으로 갖는다.

　　실제 언어에서는 이보다 훨씬 많은 소리들을 가질 수 있으
며, 또한 IPA(International Phonetic Alphabet)로 표시되는 위의 소리

들은 같은 표기라도 실제로 언어마다 다를 수 있다. 그 소리를 내는 위치나 방법들이 언어마다 미세하게 다를 수 있기 때문이다. 예를 들면, 같은 [r]로 표기되는 소리라고 하더라도 영어, 불어, 아랍어, 한국어 등에서 내는 소리가 상당히 다르다. IPA는 많은 언어들의 소리를 표기하기 위하여 소리나는 영역을 몇 부분으로 나누어 대표음을 잡아 영어의 알파벳으로 기술해 놓은 것이다. 그러므로 각 언어마다 그들의 고유한 소리들을 나타내기 위해서는 그 표기에 별도의 기호를 첨가시켜 사용하고 있다.

이러한 분절음(segmental phoneme) 외에 초분절음인 세기(stress), 높이(tone), 길이(length)를 언어에 따라 가질 수 있으며 모든 언어가 서술문, 명령문, 의문문에 따라 같은 형태의 억양(intonation)을 갖는다. 어린 아이가 언어를 습득할 때에는 언어의 음악성이라 할 수 있는 이러한 초분절음을 분절음보다 먼저 습득한다고 한다. 우리가 늦은 시기에 외국어를 배우면 이런 초분절음, 그 중에서도 특히 구절 강세(accent pattern) 등을 결코 제대로 배울 수 없는 이유가 여기에 있을 것이다.

인간에게는 닿소리보다는 홀소리가 먼저 습득되고, 닿소리

중에서는 입술소리인 [m], 그리고 다음으로 [p] 등이 먼저 습득된다. 이는 입술소리가 닿소리 중 가장 내기 쉽기 때문일 것이다. 한 가지 흥미로운 것은 대부분의 언어에서 '어머니'를 나타내는 단어에 [m] 소리가 들어가는 것을 볼 수 있다. 우리말의 '어머니'를 비롯하여 영어의 'mother', 불어의 'mère', 중국어의 '母' 등이다. 다음으로 '아버지'를 나타내는 단어에는 대부분 [p]가 들어 가는데 우리말의 '아버지'를 비롯하여 영어의 'father', 불어의 'père', 중국어의 '父' 등이 그것이다. 이는 어린 아이에게 가장 필요한 존재인 '어머니'와 '아버지'가 [m], [p] 소리를 갖는다는 점에서 언어 보편성으로 생각해 볼 수 있지 않을까 한다. 또한 실어증으로 소리를 잃어갈 때는 이와는 역순으로 진행되는 소리의 보편성을 찾아 볼 수 있는데, 어린이가 마지막으로 획득한 소리는 실어증 환자에게는 맨 먼저 사라지고 실어증 환자가 마지막으로 잃어버리는 소리는 어린이가 맨 먼저 습득한 소리라는 것이다. 그렇다면 마지막 순간까지 간직하는 소리는 '어머니' 혹은 '엄마'라는 단어이리라.

6.3. 문법의 보편성

문법(grammar)이란 말을 이루는 규칙을 말한다. 말이란 크고 작은 규칙들로 이루어진 규칙의 세계이다. 그러므로 언어의 모든 층위—음운, 형태, 통사, 의미—에서 문법을 논할 수 있다. 그러나 일반적으로 좁은 의미의 문법이란 형태·통사 규칙만을 말하며 여기서는 좁은 의미의 문법을 말한다.

문법의 보편성에는 실재적인 것과 형식적인 것이 있다. 모든 언어에는 부정문과 의문문이 있다는 등의 실제 자료에서 찾을 수 있는 것은 실재적 보편성에 속한다. 그러나 언어의 보편성에서 더 중요한 것은 추상적이고 이론적인 구성물의 형식적 보편성이다. 이것이야말로 바로 보편문법에서 추구하는 보편성으로서 우선 논할 수 있는 것이 범주(category)의 개념이다.

인간은 세계를 범주로 나누어 사고하는 경향이 있다. 우리가 어떤 개체의 범주를 안다는 것은 그 개체가 반드시 속해야 하는 범주, 속할 수 있는 범주, 속할 수 없는 범주를 자동적으로 알게 됨을 의미한다. 그러므로 언어의 범주화는 사고의 범주화와 관련되어 있고 인간의 정신작용에서 나오는 것임을 알 수 있다. 보편문법에서 추구하고 있는 바는 많은 언어에서 그토록 다양해 보이는 형태·통사 범주의 목록들이 무한하지 않고 실제로는 몇 개의 유한한 범주의 요소들로 이루어졌다는 것이다. 언어마다 시제, 복수, 비교 등을 나타내는 형태소 범주(morphological category)를 가지며 주어, 목적어, 동사 등의 통사 범주(syntactic category)를 갖는다. 또한 언어마다 이들 범주들에 대한 규칙인 형태규칙(morphological rule)과 통사규칙(syntactic rule)을 갖는데 이것이 말의 규칙 즉 문법이다. 생성문법에서 추구하고 있는 문법의 보편성은 이러한 문법을 정신문법과 관련시키는 것이다.

통사범주란 통사구성을 논할 때 기능과 형식에 있어서 함께 묶일 수 있는 부류의 단위를 말하며, 흔히 일컬어지는 단어 부류(word class)만을 의미하는 것은 아니다. 그것은 이론적 구성물이며 통사구성의 층위마다 달라질 수 있는 통사적 구성물의 단위이다. 대부분의 언어는 명사(N-noun), 동사(V-verb), 형용사(Adj-adjective), 관사(Det-determiner), 조동사(Aux-auxiliary) 등의 어휘범주(lexical category)를 가지며 또한 명사구(NP-noun phrase), 동사구(VP-verb phrase), 형용사구(AP-adjective phrase), 전치사구(PP-prepositional phrase) 등의 구범주(phrasal category)를 갖는다. 물론 하나의 문장(S-sentence)도 여러 개의 문장 속에서는 하나의 구범주로 구성될 수 있다. 이러한 범주들은 계층적 구조(hierarchical structure)를 구성하는 범주의 집합이 되는데, 계층적 구조란 몇몇 하위범주가 결합하여 큰 상위범주를 이루고 그 상위범주는 다시 더 큰 상위범주의 하위범주가 되는 즉, 층층이 쌓여서 더 큰 구조체가 되는 것을 말한다. 이것이 구조문법(s -tructural grammar)에서 설명하는 구조(structure)의 개념이다. 생성문법(generative grammar)에서도 언어가 구조체로 이루어졌다는 것을 받아들여 이를 범주기호를 사용하여 구구조규칙(phrase structure rul-e)으로 나타내고 또한 나무그림(tree diagram)으로 나타낸다.

생성문법에서 하고 있는 이러한 일련의 작업은 기본적으로 언어의 보편성에 그 기반을 두고 있다. 즉, 세상에 존재하는 모든 언어의 구조는 공통적이라는 것이다. 그러므로 언어의 통사구조에 사용될 수 있는 구구조규칙과 나무그림을 구범주와 어휘범주로 형식화하여 모든 언어에 사용될 수 있는 보편적인 언어구조를 보여 주려는 데에 문법 기술의 목표를 두고 있는 것이다. 이러한 통사구조의 보편성은 인간의 범주화 능력과 사고 능력의 보편성을 말하며, 인간 정신구조의 보편성을 말하는 것이다.

Chomsky가 제안한 구구조규칙과 나무그림을 하나의 문장을
예로 들어 설명해 보겠다.

#S#   John might write the book.

< 구구조규칙 >

1. S   →   NP + VP
2. VP   →   V + NP
3. V   →   Aux + V
4. Aux   →   T (M)
5. T   →   Past
6. M   →   may
7. NP   →   N′ Det + N
8. N′   →   John
9. Det   →   the
10. N   →   book
11. V   →   write

< 나무그림 >

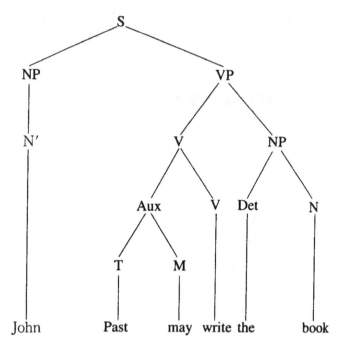

위의 1-11의 규칙이 <구구조규칙>인데 그 중 1-7은 가지치기규칙이고, 8-11은 어휘규칙이다. 가지치기규칙은 큰 단위에서부터 이분법에 의해 하나씩 차례로 가지를 치듯이 잘게 분석한 것으로, 문장의 계층적 구조를 나타낸다. 이러한 구범주의 가지치기규칙이 끝나면 실제 해당되는 어휘로 바꾸어주기를 하는 어휘규칙이 적용

된다. 이것을 다시 계층적 구조를 잘 보여 주는 두 가지치기의 <나무그림>으로 나타내며, 실제로는 거꾸로 선 나무 모양이 된다. Chomsky와 생성문법 학자들은 이러한 구구조규칙과 나무그림을 모든 언어에 적용되는 언어 보편성으로 제시하고 있다.

6.4. 함의적 보편성

언어의 보편성을 연구함에 있어서 Chomsky가 인간에게 내재하는 언어구조와 정신구조의 추상적이고 절대적인 보편성을 추구하였다면, Greenberg는 실제 여러 언어의 구체적 자료에 나타나는 강한 경향성 즉, 함의적 보편성을 조사하였다고 볼 수 있다. Greenberg는 특히 어순과 관련하여 나타나는 언어의 보편성을 유형론적 관점에서 고찰하였는데, 대부분의 언어에서 발견되는 '어떤 언어에 x가 주어진다면, 항상 y도 발견된다'라는 함의성을 전제로 고찰하였다. 이러한 연구는 언어의 특징적 공기(共起)를 중심으로 언어의 유형을 식별하고 각 유형을 통해서 관찰할 수 있는 일반적 법칙을 추구하며 인류 언어 전체에 대한 일반성, 즉 언어의 보편적 특징을 파악하려는 것이다. 어순

(word order)과 관련하여 일어나는 보편성에 대한 **Greenberg**의 연구
는 주어(S)와 동사(V)와 목적어(O)의 어순이 다른 통사적 특징과 상
관관계가 있다는 주장이다. 먼저 S, V, O의 어순을 보면, 이론적으로
가능한 이들의 6 가지 결합형(SOV, SVO, VSO, VOS, OVS, OSV) 중
에서 SOV와 SVO가 압도적으로 많다(세계 언어의 약 90%).

그런데 이러한 통사적 구성의 어순은 다음의 몇 가지 다른
통사적 특징과의 함의적 관계를 갖는다.

SVO	SOV
전치사	후치사
비교급+기준형	기준형+비교급
명사+수식어	수식어+명사
속격+명사	명사+속격
조동사+본동사	본동사+조동사

Greenberg는 이러한 상관관계를 함의적 보편성으로 나타낼
수 있다고 하였는데 예를 들면 다음과 같다.

'어떤 언어가 SOV형의 언어이면, 그 언어는 후치사를 취한다'
'어떤 언어가 SVO형의 언어이면, 그 언어는 전치사를 취한다'

이를 한국어에 적용시켜 보면, 한국어는 SOV형의 언어이며, 후치사(나 +에게), 기준형+비교급(너+보다), 수식어+명사(파란+차), 명사+속격(학교+의), 본동사+보조동사(가고+싶다)가 되며 모든 항목에 대하여 함의적 관계가 잘 성립됨을 알 수 있다.

이를 영어에 적용시켜 보면, 영어는 SVO형의 언어이며, 전치사(to+me), 비교급+기준형(than+you), 명사+수식어(*car+blue), 속격+명사(of+school), 조동사+본동사(may+go)가 되며 한 가지 항목을 제외하고는 함의적 관계가 잘 성립됨을 알 수 있다.

위의 예 중에서 영어의 *car+blue의 경우에 대한 설명으로는 영어가 SOV형의 언어에서 SVO형의 언어로 변천한 언어라는 가설이 있다. 그렇다면 *car+blue는 SOV형 언어의 잔존형으로 설명될 수 있을 것이다. 같은 SVO형의 언어인 프랑스어는 'moulin(풍차)+rouge(빨간)'로 '명사+수식어'의 형태를 취한다.

함의적 보편성에 대한 연구는 색채어 연구에서도 찾아 볼수 있다. 색채 인식이 언어 범주에 의해서 결정된다는 즉, 언어가 지각을 결정한다는 Whorf의 가설은 Berlin & Kay의 연구에 의하여 도전을 받았는데, 이들은 98개의 기본 색채를 식별하여 분류하고 20개의 언어를 선정하여 색채 범주의 경계와 기본 색채어를 조사하였다. 물리학적 색의 스펙트럼은 비분절적인 연속체인데 이것을 분절하는 방식이 언어마다 다르게 나타나므로 언어마다 색채어의 수가 달리 나타나는 것이다. 실험 결과는 색채어 사이의 경계를 긋는 데는 일관성이 없었으나 서로 다른 언어의 화자들도 가장 전형적인 빨강, 파랑 등의 기본 색채를 가려내는 데에는 일관성이 있었다. 여기서 기본 색채란 어느 색채 범주의 평균이 되는 가장 중심적이고 원형적 (prototype)인 색채를 말한다. 이러한 조사 결과 우리는 다음과 같은 것을 알 수 있다. 색채 범주의 경계가 언어마다 달라서 색채어 수는 언어마다 다를 수 있지만 기본 색채에 대한 인식은 보편적이며, 언어에 따라 결정되는 것이 아니다.

Berlin & Kay는 모든 언어는 검정(black), 하양(white), 빨강(red), 파랑(blue), 노랑(yellow), 푸른색(green), 갈색(brown), 자주(purple), 분홍(pink), 주황(orange), 회색(grey)의 11 가지의 색채어에서 기

본 색채어를 뽑아 쓴다는 것을 알아냈다. 이 중 검정, 하양, 빨강, 파랑, 노랑, 푸른색의 6가지 색은 여러 언어에 보편적으로 나타나며 그것의 역사적 발달 단계도 위의 순서와 같이 일정하다는 것이다. 어느 언어에서 색채어가 둘만 있으면 검정과 하양이며, 셋이 있으면 틀림없이 검정, 하양, 빨강이며, 네 번째 색은 파랑, 노랑, 푸른색 중의 하나가 된다. 예를 들면, 이것은 다음과 같은 함의적 보편성으로 기술될 수 있을 것이다. '어떤 언어에 노란색을 나타내는 색채어가 있다면, 그 언어에는 빨간색을 나타내는 색채어는 꼭 있을 것이다'

고대 일본어에는 노란색을 독립된 색채로 구별하지 않고 빨간색의 범위에 포함해서 나타냈다. 따라서 검정, 하양, 빨강, 파랑의 네 가지 색채어만 가지고 있었다. 그래서 계란의 '노른자위'를 '붉은자위'로 표현했다. 흥미로운 것은 우리말의 방언에도 '붉은자위'가 나타난다는 것이다. 이것은 색채어 '노랑'은 '빨강'보다 늦게 발달하는 것임을 말해 준다.

Berlin & Kay의 연구는 인간은 보편적으로 색채 범주를 인식하고 있으며, 기본 색채에 대한 인식을 보편적으로 가지고 있다는 것을 말해 준다. 다만 그들이 쓰는 언어에 따라 색채어의 경계를 달리 할 뿐인 것이다. 뉴기니아의 Dani족은 'mil(어두운)'과 'mola(밝은)'의 두 기본 색채어만 가지고 있다. 그들은 찬 색 계통에는 'mil'을 사용하고, 따뜻한 계통에는 'mola'를 사용한다. 그러나 그들도 다른 색채를 인식할 수는 있었으며, 원형적인 기본 색채의 이름을 주위에 있는 색채의 이름보다 더 빨리 배울 수 있었다.

제7장

언어와 사고

7.1. 동물의 사고와 인간의 사고

언어는 사고와 어떤 관계를 갖는 것일까? 인간은 언어 없이도 사고할 수 있을까? 어떤 언어로 사고하는 것일까? 언어와 사고는 어느 것이 먼저일까? 동물도 사고할 수 있는 것일까? 이러한 의문들은 우리가 흔히 할 수 있는 것들이다.

'인간은 생각하는 갈대'라는 말도 있고, '나는 생각한다. 그러므로 존재한다.'라는 말도 있다. 이러한 말들은 언어와 사고가 불가분의 관계에 있음을 나타내며 사람이 생각하면서 산다는 것이 바로 사람을 사람답게 만드는 중요한 것이라는 것을 말해 준다. 물론 여기서 '사고'라는 단어는 좀더 신중한 정의가 내려져야 할 것이다. 여기서는 같은 의미로 사용하고 있지만 실제로 '사고'라는 단어와 '생각'이라는 단어도 항상 같은 뜻을 나타내는 단어로 쓰이는 것은 아니다. 단순한 생각인지, 논리적인 추론 과정을 거친 사고인지에 따라 그 깊이에 단계적인 차이가 있을 것이다. 여기서는 인간이 할 수 있는 모든 단계의 생각이나 사고를 다 지칭하는 일반적인 의미로 사용하며 두 단어에 대한 구별도 하지 않고 사용하겠다.

인간의 사고능력과 언어능력은 모두 인간의 정신능력에서 비롯하는 것인데 이 둘을 구분하여 인식하기란 쉽지 않아 보인다. 우리는 항상 많은 생각들을 하고 사는데 어떤 생각을 의식적으로 할 때도 있고 무의식적으로 할 때도 있다. 인간의 사고 과정을 자세히 들여다보면, 무의식적으로 존재해 있는 많은 생각들 중에서 우리가 의식적으로 어떤 생각을 떠올리면 그 때부터는 어느 것이 먼저랄 것이 없이 사고와 언어가 함께 진행되고 있음을 알 수 있다. 우리는 각자가 가진 자기의 언어를 통하여 사고하고 있으며 때로는 혼잣말로 지껄이면서까지 깊은 생각을 한다. 즉, 적어도 의식적인 사고는 특정한 언어를 전제로 하지 않고는 불가능해 보인다. 이런 의미에서 사고를 '침묵의 언어'라고 부를 만하다. 흔히 언어 없이 진행된다는 꿈이나 무의식의 세계에서도 언어를 전적으로 배제한 사고의 존재를 주장하거나 혹은 언어와 사고를 정신작용에서 분리하여 생각하는 주장은 납득하기 어려워 보인다. 이렇듯 사고와 언어는 인간의 정신작용의 정수를 이루면서 서로가 깊이 의존하고 있음을 알 수 있다.

그러나 우리는 여기서 한 가지 주의해야 할 것이 있다. 이 둘이 아무리 깊이 의존하고 있어도 사고와 언어가 동일한 것은 아니라는 사실이다. 생각하기와 말하기는 본질적으로 다른 두 개의 활동이며 이는 의사소통의 실제적 필요성 때문에 서로 결부되지만 각기 독자적인 영역을 갖는다. 우리가 어떠한 표현을 할 때 그것이 정확히 우리가 말하려 했던 것이 아님을 깨닫고 고쳐서 달리 표현할 때가 있다. 또한 그 표현 역시 적합하지 않아 다른 말로 바꾸고 싶어 안타까워 한 적이 있다. 그것은 우리가 말한 것과는 다른 '말하고자 했던 어떤 것'이 존재하기 때문일 것이다. 그것은 우리의 생각이 말과 떨어져서 엄연히 존재한다는 것을 말해준다. 우리는 또 그 반대의 경우도 수시로 경험하고 산다. 어떤 경우에는 우리는 미처 말하려고 하지도 않은 말이 무의식적으로 우리 입밖으로 빠져 나갈 때가 있다. 특히 그것이 해서는 안될 말일 경우 그 안타까움은 더할 것이다. 우리는 흔히 그러한 말을 '생각 없이 한 말'이라고 한다. 이 경우도 말과 생각이 현실 세계에서 잠깐이라도 떨어져 있는 상황으로 이해할 수 있을 것이다.

우리는 위에서 접근한 현실적인 차원을 떠나서 좀더 추상적인 단계의 사고 과정을 생각해 볼 수 있다. 인간이 사고할 때는 과연 어떤 언어로 사고하는 것일까? 한국어 사용자는 한국어로 사고하는 것일까? 아니면 그것의 기저에 있는 정신언어로 사고하는 것일까? 우리가 사고를 특정한 언어로 하고 있을 때에는 이미 그것을 특정언어화하고 있는 단계이며 그것은 그 전 단계에 이미 사고언어인 정신언어로 존재했던 것은 아닐까? 그렇다면 그 정신언어는 인간의 정신을 상징하는 논리적이고 체계적인 규칙으로 이루어진 완벽한 기호체계일 것이다. 이것이 우리가 상정할 수 있는 보편적 정신어이다.

그렇다면 과연 특정언어가 없이도 사고는 가능할까? 왜냐면 특정한 언어가 없는 사람들도 정신어는 가지고 있다고 상정할 수 있기 때문이다. 우리는 때로 다음과 같은 궁금증들을 갖는다. 선천적인 청각장애인들의 사고는 어느 만큼 이루어지는 것일까? (물론 그들이 글을 배워버린다면 문제가 다르겠지만) 그들은 우리가 사용하고 있는 언어와는 다른 수화(手話)를 사용하는데 그들도 사고할 때 수화를 상정하고 하는 것일까? 그들 중 수화를 배운 이는 수화를 배우지 못한 다른 이들보다 더 깊은 사고를 할 수 있을까? 그들이 생활하는 데 필요한 정도의 사고는 할 수 있겠지만 고도의 인식론적 사고를 하는 데에는 지장이 있지 않을까? 아니면 인간의 보편언어인 정신어를 가지고 있어서 사고하는 데 아무런 지장이 없는 것은 아닐까? 야생아나 고립아와는 달리 그들은 인간의 무리 속에서 생활함으로써 인간의 정신어를 충분히 습득할 수 있었을 것이다.

또한 우리는 동물의 사고능력에 대하여도 궁금증을 가지고 있다. 우리는 제2장에서 인간언어와 동물언어의 차이점에 대하여 자세히 살펴보았으며 이 둘 사이의 차이는 양적인 것뿐만 아니고 질적인 것으로 결론을 내리고 동물의 언어는 극히 제한된 범위 내에서만 이루어진다고 설명하였다. 언어와 사고가 서로 깊은 관계를 맺고 있는 것이라면 제한적인 언어를 소유하고 있는 동물세계의 사고는 제한적일 수밖에 없을 것이다. 그러나 동물이 언어에 대하여 갖는 심한 제한보다는 사고에 대하여 갖는 제한은 그 정도가 덜하지 않겠느냐는 생각을 해 볼 수 있을 것이다. 왜냐하면 인간언어의 본질인 소리와 뜻의 두 가지 구성요소 중 사고는 한 가지 구성요소인 소리를 필요로 하지 않는 것으로 보이기 때문이다. 우리는 충성스런 개가 주인에게 '고맙다'라는 말은 할 수 없었지만 어떻게 주인에게 은혜를 갚았는가에 대한 많은 이야기들을 알고 있다. 그러한 행동은 동물의 본능에 의한 것일까? 사고에 의한 것일까? 그것이 사고에 의한 것이라면 인간의 사고와 동물의 사고의 차이를 양적인 정도의 차이를 떠나서 논의할 수 있는 어떤 질적인 차이가 있는 것일까?

제3장에서 인류가 언어를 사용하기 위해서는 두뇌의 진화와 발성기관의 진화가 동시에 필요하다는 Lieberman의 가설을 소개한 바가 있는데, 그는 이 두뇌의 진화가 '단선적(linear)'이 아닌 '추적적(tracking)' 행위를 가능하게 하는 정도의 것이어야 한다고 한다. 이러한 추적적 행위는 동물의 단선적 행위와 다른데, 단선적 행위란 현재 보이는 것만을 보고 일직선으로 행하는 것이고, 추적적 행위란 지나간 것을 기억하고 보이지 않는 것을 부활시켜 행할 수 있는 것

이다. 이러한 단선적 행위와 추적적 행위는 각각 단선적 사고와 추적적 사고에서 나온다고 볼 수 있으므로 Lieberman의 가설을 받아들인다면 인간의 사고체계와 동물의 사고체계 사이에는 이러한 질적인 차이가 있다고 볼 수 있을 것이다.

　　선천적 언어 장애자나 동물의 언어에 갖는 우리들의 관심은 정신능력의 정수인 사고능력과 언어능력과의 관계에 대한 궁금증일 것이다. 고도로 복잡한 정신능력과 언어체계를 소유하고 있는 인간의 사고체계에 비하면 동물의 사고체계는 단순한 것에 속할 것이고, 언어 장애자의 사고체계도 정상인의 사고체계를 따를 수는 없을 것이다. 추상적인 정신어가 존재한다 하더라도 고도로 복잡하고 구체적인 사고에서는 그것이 특정한 구체적 언어로 전환되지 않으면 완벽하게 이루어지기가 어려울 것이다. 또한 언어체계에서처럼 동물의 사고체계가 인간의 사고체계와 어떤 질적인 차이를 갖는 것이라면 동물의 사고능력은 제한적이라고 볼 수밖에 없을 것이다. 정신과 사고와 언어, 이들의 관계는 떼어서 생각할 수 없을 만큼 밀접한 것이며 이들은 서로가 서로에게 깊숙이 의존하고 있다고 결론지을 수밖에 없다. 그러므로 이들 중 어느 하나의 능력은 다른 능력들과 직결되며, 어느 하나의 결함은 다른 것들의 결함으로 이어질 수밖에 없다고 보아야 할 것이다.

7.2. 언어와 민족

언어와 사고와의 관계에서 언어가 사고에 영향을 미친다는 주장은 Humboldt를 중심으로 한 19세기 독일의 언어학자들에 의하여 강하게 제기되었다. 이들은 언어유형이 사고유형에 영향을 미칠 것이라는 언어의 상대성이론을 발전시켰다. 또한 이러한 상대성 이론에서 한 발 더 나가 언어가 민족의 사고를 결정한다는 언어결정론 가설이 미국의 Sapir와 Whorf에 의해서 제기되었다. 그들은 인간의 사고 과정이나 경험양식은 언어에 의존하고 있으며, 언어가 다르면 거기에 대응해서 사고와 경험의 양식도 달라진다고 하였다. 즉, 언어가 사람들의 경험과 사고유형을 규정한다는 것이다. 그러나 언어가 사고에 영향을 미쳐 언어의 차이가 화자들의 생각의 차이를 유발한다는 상대성이론은 우리가 어느 정도 받아들일 수 있지만, 언어유형이 사고유형을 결정한다는 언어결정론 가설에 대해서는 많은 주의를 필요로 한다. 이러한 언어관은 인간언어에 공통되는 보편문법을 인정하지 않고 개개 언어의 특수성을 강조함으로써 언어구조와 민족의 관계에 지나치게 집착할 수 있기 때문이다.

또한 Humboldt는 언어는 민족의 정신을 여실히 드러내는 것이며 세계를 반영한다는 세계관이론을 주장하였다. 이러한 언어와 민족에 대한 가치관은 가끔 자기 민족의 우수성을 입증하기 위하여 자기네 언어가 다른 언어보다 우수하다는 편협한 생각을 갖게 하며 그 언어를 신성시하는 풍토를 조성할 위험이 있는 것이다. 실제 독일의 Hitler는 이러한 생각을 가지고 독일어를 독일 민족의 우수성을 입증하는데 사용하였으며, 일본인들도 자기들의 언어에 '언령(言靈)'이 들어 있다 하여 '일본인론'을 주장하며 그들의 언어를 신성시하고 있다.

언어가 사고에 영향을 미칠 수 있고 또한 언어유형이 민족에게 어느 정도 영향을 미칠 수는 있다는 것은 우리가 인정할 수 있겠지만 이들의 관계를 너무 절대적으로 보는 것은 옳지 않다. 더구나 모든 민족이 다 평등하듯이 지구상의 언어도 다 똑같은 자격을 가지고 존재한다. 각 언어는 각 민족의 문화를 담아내고 창조해 나가는 소중한 인류의 자산인 것이다. 아무리 힘이 약한 민족의 언어일지라도 그것이 열등한 언어가 될 수 없는 것처럼 아무리 힘이 강한 민족의 언어일지라도 그것이 다른 언어보다 우수할 수는 없는 것이다. 어떤 민족이 다른 민족을 정복하면 피정복민의 언어를 말살하려고 갖은 수단을 다 사용한다. 그만큼 언어가 민족의 화합에 미치는 영향이 크기 때문일 것이다. 그러나 좀처럼 정복되지 않는 것이 또한 언어이다. 그들은 숨어서라도 그것을 사용하며 유지시킨다. 이렇듯 언어와 민족은 뗄 수 없는 관계에 있으며 인류의 다양성이라는 가치관 아래서 모든 언어와 민족은 다 고유한 가치를 가지고 존재하는 것이다.

제8장

언어와 문화

8.1. 문화의 특수성과 보편성

언어가 인간의 삶을 영위하는데 있어서 필수 불가결의 것이고, 특히 인간의 정신이 그것을 통해 나타나는 것이라면 인간의 내부적이고 정신적인 활동의 소산인 문화와의 관계 또한 밀접하다고 아니할 수 없을 것이다. 언어는 인간 내에 자리잡고 있는 정신 작용과 문화가 서로 작용하는 곳인 동시에 이 상호 작용의 도구가 되므로 언어와 사고와 문화는 뗄 수 없는 밀접한 관계에 있다고 할 것이다. 그리하여 한 민족의 문화는 그들의 언어 속에 고스란히 녹아있다고 볼 수도 있으며 역으로 언어가 인간 문화의 한 소산이라고도 할 수 있다. 즉, 언어 그 자체가 문화적 존재가 되는 것이다.

그렇다면 문화란 무엇인가? 우리가 흔히 사용하면서도 '문화'라는 단어는 한 마디로 정의 내리기가 쉽지 않다. 그 이유는 그것이 의미하는 범위가 넓기 때문이다. 이를 쉬운 말로 대답해 본다면 문화란 '한 인간집단의 생활양식'이라고 할 수 있을 것이다. 즉, 자연환경에 대하여 인간환경이라고 부를 수 있으며 그것은 곧 인간이 생물학적 기능의 수행을 넘어서서 인간의 삶과 생활에 어떤 형태와 의미와 내용을 부여해 주는 모든 것이라 할 수 있다. 문화는 많은 개념들과 지켜야 할 규칙들 그리고 특수한 금지 사항으로 이루어져 있다. 어떤 한 문화가 금지하는 것은 그 문화가 지켜야 한다고 규정하는 것과 마찬가지로 그 문화의 특징을 구성한다.

언어와 문화와의 관계에 있어서도 언어가 문화에 의해 영향을 받는다는 견해가 있고 반대로 언어의 유형이 문화의 유형을 규정하고 인식과정에 직접 영향을 미친다는 견해가 있다.

먼저, 언어가 문화에 의해 영향을 받는다는 견해 쪽에서 생각해 보면, 한 언어란 한 집단의 생활양식을 담아내는 그릇이라고 볼 수 있는데 각기 다른 집단의 생활양식의 차이가 어느 정도는 언어에 반영될 수 있다고 보는 것이다. 히말라야 고원에 위치한 Ladakh의 사람들은 경작지의 면적을 나타내는 단위로서 '하루, 이틀, 사흘...' 등으로 공간개념이 아닌 시간개념을 나타내는 단위를 사용한다. 즉, '밭 한 평'이 아니고 '밭 하루'처럼 나타낸다. '밭 하루'란 '하루에 갈 수 있는 밭의 면적'을 표현한 것이므로 이를 시간개념의 단위로 나타냈다고 해서 그것이 논리적으로 틀렸다고 할 수는 없을 것이다. Eskimo인들의 일상생활은 아무래도 눈(雪)과 많은 관계를 갖는데 이러한 현상이 언어에 반영되어 '눈'을 지칭하는 단어의 수가 다른 언어에서보다 월등히 많다. '하늘에서 지금 내리고 있는 눈, 내려서 쌓인 눈, 집을 짓는데 쓰인 눈 … ' 등에 대해서 모두 별 개의 단어를 가지고 있다. 반면 우리 한국어에는 '쌀'에 관한 단어가 발달되어 있다. 논에 심기 전의 '모', 탈곡하기 전의 '벼', 익히기 전의 '쌀', 익힌 후의 '밥' 등을 구분하여 각기 다른 단어를 가지고 있는 것이다. 이들을 만약 영어로 번역한다면 모두가 다 'rice'라는 한 단어로 될 수밖에 없을 것이다. 그밖에도 유목민족에게는 '말(馬)'에 관한 단어가 발달할 것이고, 수렵민족에게는 '매'에 관한 단어가 발달할 수 있을 것이다. 이렇듯 각 언어사회에서 독특하게 발달한 이러한 어휘들은 언어 내에 찍힌 문화의 흔적으로 간주할 수 있을 것이다.

다음으로, 언어유형이 문화유형을 규정한다는 견해에서는 언어와 사고와의 관계에서 살펴 본 문제가 다시 부각된다. 이는 언어, 사고, 문화가 모두 중요한 인간의 정신적 산물이기 때문이다. 앞의 제 7 장에서 논의한 Sapir와 Whorf가 그들의 가설(Sapir-Whorf hypothesis)에서 주장한 언어유형이 사고유형을 결정한다는 언어결정론은 그대로 언어와 문화와의 관계에 대하여도 적용되는 것이다. Sapir의 제자 Whorf는 미국 인디언들의 언어를 연구하면서 그들의 심리적, 지적 세계에 그 언어구조가 영향을 미친다고 주장했다. 그는 Hopi족의 언어에는 과거와 현재 사이의 명백한 구별을 가지고 있지 않고 사실, 미래, 일반의 구분만을 가지고 있는데 이 사람들은 시제(현재와 과거)가 있는 언어를 사용하는 사람들과는 근본적으로 다른 시간 개념을 가지고 행동한다고 하였다. 과연 그들에게 과거, 현재, 미래에 대한 시간 개념이 존재하지 않을까?

Whorf는 언어결정론에 대한 검증을 위한 또 하나의 예를 색채어에서 들고 있다. 스펙트럼에 반사된 빛의 파장에 따라 상이하게 보이는 색채는 물리적으로는 경계를 그을 수 없는 연속체이다. 그것에 경계를 짓고 구분하는 것이 언어이며, 언어에 따라서 그 범주화가 다르다. 언어에 따라 두 색(하양,검정), 세 색(하양,검정,빨강), 네 색(하양,검정,빨강,파랑), 다섯 색(하양,검정,빨강,파랑,노랑), 이상으로 구분하여 범주화하고 있다. 한국어는 다섯 색의 구분을 하고 있다. 네 색의 구분만 하고 있는 언어를 사용하는 사람들은 노랑에 대한 색채어를 가지고 있지 않기 때문에 빨강과 노랑을 구분하지 않고 다 빨강으로 부른다. 그렇다면 과연 그들은 이 두 색을 실제로 구분할 수 없을까? 그렇다고 주장하는 것이 Whorf의 가설이다.

색깔이 인간에게 과연 언어적 이름만으로 기억될까? 우리말에 '파랗다'와 '푸르다'는 어원이 같은 단어로 볼 수 있다. 그래서 우리는 하늘을 '파란 하늘'이라고도 하고 '푸른 하늘'이라고도 한다. 또한 나뭇잎을 '푸른 잎'이라고 한다. 그렇다고 해서 우리가 '하늘색'과 '나뭇잎 색'을 구분하지 않고 인식하고 있는 것은 아니다.

위에서 보인 시제나 색채어의 예는 현실의 근본적인 범주들이 이 세계 안에 존재하는 것이 아니라 문화에 의해 부과된다는 것이고 그러한 문화적 양식이 언어에 의해 결정된다는 이론에 기초하고 있다. 그러나 대부분의 심리학자, 언어학자, 철학자들은 언어가 사고, 지각, 기억에 어떤 영향을 미친다는 것을 인정하면서도 언어가 사고양식이나 문화양식을 결정한다는 데에는 회의적이다. 다른 언어사회에서 많은 것들이 다른 방식으로 범주화되고 말해질 수는 있으나 그것이 인간의 사고유형이나 문화유형을 특수하게 고정시킨다고 생각하기는 어렵다.

Ladakh의 사람들은 '어두어진 다음 잘 때까지'나 '해 뜨기 전 새들이 노래하는 아침 시간' 같은 시간을 그들 언어 속에 범주화하여 한 단어로 가지고 있다. 그런가 하면 미국 인디언의 한 부족은 '친구'라는 단어에 대해서 '나의 고통을 등에 짊어지고 가는 사람'이라는 지상에서 가장 많은 음절로 표현하고 있다. 그러나 이러한 단어들은 그들만이 인식할 수 있는 단어는 아니고 인간이 보편적으로 인식할 수 있는 단어들이다.

언어와 문화는 서로 영향을 미치면서 존재하는 것임에는 틀림이 없다. 그러나 우리가 다른 문화와 언어 양식을 가졌다고 해서 그것들이 우리들의 사고방식을 다르게 결정한다고 생각하기는 어려울 것이다. 왜냐하면 우리의 삶을 관장하는 우리의 정신세계가 다르지 않기 때문이다. 이렇듯 보편적인 정신구조를 설정하는 문법이론이 보편문법 혹은 정신문법이며 그들은 보편적인 논리구조를 기저구조로 설정하고 언어마다 갖는 특수성을 그 보편의 틀 안에서 찾는 것이다. 그러나 이러한 언어의 보편성을 충분히 인정한다 하더라도 한 언어의 문법은 한 문화의 형태이고, 화자들이 특별한 맥락에서 취하는 특별한 문법 형태는 그들의 문화와 밀접하게 연관되어 있으므로 우리는 그 문화를 충분히 고려하여야만 그 언어의 사용을 제대로 할 수 있는 것이다. 예를 들면, 우리말은 특히 존대법이 발달한 언어인데 그것은 우리의 문화가 특히 효(孝)사상에 기초하고 있기 때문이다. 그러므로 외국인이 우리말을 배우려면 특히 이러한 효사상과 존대법의 관계를 잘 이해하지 않으면 우리말을 제대로 사용하는 데에 어려움을 겪게 되는 것이다.

앞의 제6장과 제7장에서 언어능력과 사고능력에 관하여 논의하면서 우리는 동물의 세계에 대하여 관심을 가져 왔다. 그렇다면 이번에도 '동물에게 과연 문화가 있을까?'라는 질문을 던져 볼 수 있을 것이다. 즉, 동물에게 유전적 요인이 아닌 관찰 학습 과정을 통해 문화적 행위가 전달될 수 있는가 하는 문제이다. 이러한 의문은 우리가 동물의 언어와 사고에 대하여 가졌던 의문과 동일한 종류의 것이다. 우리는 동물의 언어와 사고에 대해 제한된 범위 내에서 그 것이 이루어진다고 보았으며 특히 그것은 인간의 것과는 질적인 차 이가 있는 것으로 보았다. 침팬지의 언어학습에서 어느 정도의 두뇌 능력을 확인하였으나 그것은 아직도 우리의 이러한 생각을 바꾸기 에는 어려워 보인다.

아프리카의 몇몇 다른 지역에서 살고 있는 침팬지들의 행태 를 수 년간 관찰한 Scotland의 St. Andrew 대학의 영장류 연구 학자 들의 최근 보고에 의하면 침팬지들이 상대방의 몸에서 해충을 잡아 주는 몸단장을 할 때 그 사는 지역에 따라 다른 행동 양식을 취했다 는 것이다. 즉, 어떤 지역에서는 팔뚝으로 해충을 눌러 죽이지만, 어 떤 지역에서는 잎으로 눌러 죽이고, 어떤 지역에서는 잎사귀 위에 해충을 올려 놓고 관찰한 뒤 먹을 수 없다고 판단되면 손가락으로 튕겨낸다는 것이다. 이러한 보고를 통하여 그들은 침팬지 사이에 선 천적 본능이 아닌 학습을 통한 문화적 행위가 전수되고 같은 종(種) 내에서도 집단마다 문화적 차이가 있다는 것을 주장하였다. 이것은 동물이 본능만이 아닌 그들의 문화를 갖는다는 것을 말해 주지만 이것 역시 극히 제한적인 것으로 보인다.

　　동물이 그들의 생물학적 환경에 의해 통제된다면, 인간의
행동은 그들이 형성해 나가는 문화에 의해 제약을 받는다고 볼 수
있다. 또한 그 문화를 담아내는 그릇인 언어에 의해서도 어느 정도
영향을 받는다고 볼 수 있을 것이다. 그러나 그렇다고 해서 우리 인
류의 보편적 질서에 대한 신뢰가 약해지는 것은 아닐 것이다. 그러
므로 우리는 커다란 보편성의 범주 속에 포함될 수 있는 언어와 문
화의 특수성을 인정할 수밖에 없을 것이다.

8.2. 문화와 인류언어학

인류의 초창기 사회의 문화에 접근할
수 있게 해줄 대상을 찾던 인류학은
인간의 언어활동을 발견해 냈다. 언어
활동의 여러 형태들과 내적 규칙, 그
리고 신화와 종교에서 나타나는 언어활동에 대한 다양한 민족들의
의식을 분석하면서 인류의 원시 문화를 연구할 수 있는 인류언어학
이라는 것을 성립시킨다. 앞에서 논의한 Sapir와 Whorf의 이론도 이

러한 관점에서 이루어진 것이다. 특정한 사회·문화적 상황 속에서의 원시 언어활동을 연구하는 이들의 연구는 실제의 담화(discourse)를 언어 현상이 만들어지는 구체적 사회 상황과 그 시대의 문맥 속에서 접근하려 한다. 원시 민족들이 지녔던 언어 자료들은 하나의 현실적이고 실질적인 실체로서 존재하며 언어학자, 인류학자, 사회학자들의 공동 연구 영역이 되는 것이다. 물론 이들의 연구는 형식적이고 추상적이며 보편적 질서를 추구하는 언어 연구와는 다른 관점에서 진행된 것이다.

　　여러 신화나 의식, 종교 등에서 원시인들의 언어활동이 지닌 특징을 살펴볼 수 있다. 특히 원시인들은 여러 가지 금기어(tabu)들을 가지고 있었는데 아직도 남아 있는, 사람의 이름이 갖는 금기에 관하여 Frazer는 다음과 같은 것을 조사하였다. 미국 인디언의 경우 한 사람의 이름은 신체의 한 부분과 같은 것이므로 이름을 잘못 다루면 신체적 상처와 같은 부상을 당한다고 생각한다는 것이다. 그들은 이름을 보호하기 위하여 금기 사항의 제도적 장치를 만드는데 그들의 이름은 절대로 불려져서는 안 된다. 에스키모인들은 늙으면 새 이름을 얻고, 켈트족들은 이름을 영혼이나 숨결의 동의어로 간주한다. 오스트레일리아의 여러 부족들은 아버지는 아들의 성인식 때

아들에게만 자기 이름을 가르쳐 줄 뿐 그 외에는 이름을 알리지 않으며 후에 그들의 이름은 잊혀지고 '형제, 사촌, 조카' 등으로 불린다고 한다. 이집트인들 역시 두 개의 이름을 지니는데 어릴 때의 이름은 좋은 것으로 대중에게 알려지지만 성인이 된 후의 이름은 그렇지 못해 감춰진다고 한다.

한국에도 이와 비슷한 금기가 있는데, 귀한 아이일수록 어렸을 적에 좋은 이름을 지으면 오래 살지 못한다 하여 '개똥이, 쇠똥이' 등의 천한 이름으로 지었다. 중국에도 한 사람의 어릴 적과 성인이 되어서의 이름이 다르다. 이러한 이름에 대한 금기는 상당히 보편적으로 이루어진 것으로 보이는데, 대부분이 신변 안전과 관계되어 있으며 언어의 주술적인 힘을 믿는 의식에서 나온 것으로 보인다. 이와 같은 금기어는 의식적이라기보다는 자연스럽게 생겨났을 가능성이 많다.

또한 원시인들의 언어에서는 오늘날의 언어에 비해 소리와 의미의 결합에 어떤 필연성을 많이 부여한 것으로 보인다. 그들은 언어활동을 견고한 실체로 간주하므로 음성적 유사성과 의미의 유사성이 관계를 맺기가 쉬운데 그 예를 미국 인디언의 신화에서 찾을 수 있다. 한 영웅이 춤을 추면서 물고기를 낚으려 애쓰고 있는 사람을 발견하고 그에게 그물로 낚시질을 해야 한다고 하는 이야기가 나오는데, 이 신화에서 유래하여 그들의 언어에서 '춤추다'와 '낚시질하다'는 발음이 같다고 한다.

원시인들은 소리와 의미 사이 그리고 대상과 언어 사이, 심지어는 그들의 신체와 언어 사이를 구분하지 않고 하나의 실체로 인식하려는 경향이 있었던 것 같다. 그들의 언어활동이라고 하는 것은 그들 생활에서 일어나는 모든 것인 육체 노동, 욕망, 기원, 말 등 그 자체이며 자연과 인간, 정신과 물질이 정확히 구분되지 않고 인식되었던 것으로 보인다.

원시집단의 언어활동 속에서 그 사회의 문화적 특성을 찾으려 했던 인류언어학자들의 연구는 후에 많은 학자들에게 큰 호응을 받지 못하였는데, 이는 이러한 집단적 삶의 특수한 현상에서도 인류의 원시적 삶의 원형적 · 보편적 질서를 부정할 수 없었기 때문일 것이다.

제9장

언어와 사회

9.1. 언어의 다양성

'인간은 사회적 동물이다'라는 말은 인간의 사회적 특성을 강조하는 말이다. '너'와 '나'는 언어를 통하여 양극성을 극복하게 되며, 언어적 기능을 통하여 개인과 사회는 모순된 두 항이 되지 않고 상호 보완적이 된다. 사회란 언어에 의해서만 가능하며, 개인 역시 언어에 의해서 존재할 수 있다. 언어의 중개를 통해서 인간은 자신을 자연과의 관계

속에, 또는 인간과의 관계 속에 들어가게 함으로써 사회라는 것을 설정한다.

그러므로 사회적 존재로서의 인간이 사용하는 언어는 그 언어사회 구성원들이 다 이해할 수 있는 일정한 규약이어야 한다. 언어의 사회적인 측면에서는 말하는 사람과 듣는 사람이 상정된다. 언어의 사회적 사용은 '발신자(화자) — 전언 → 수신자(청자)'의 의사소통 체계 속에서 인간은 언어활동(langage)을 전반적으로 실행시킨다고 볼 수 있다. 물론 이러한 기능적 측면의 인간의 언어활동은 인간 내부의 정신적 측면에서의 언어(langue)를 포함하므로 언어의 기능성만을 너무 강조하여 언어를 사회적 '도구'쯤으로 인식하는 것은 잘못이다. 상대방에게 전달한 말은 그것을 발언한 자신에게 먼저 전달한 것이라고 말할 수 있다. 즉, 어떤 의미에서는 우리는 항상 자신에게 스스로 말하면서 살고 있다고 할 수 있다. 언어는 이렇듯 정신적이고, 개인적이며, 또한 사회적이다.

언어는 한 언어사회를 전제로 하기 때문에 개인이 함부로 바꿀 수 없는 구속력을 지닌다. 우리는 제1장에서 언어의 자의성을 이야기하였다. 그러나 그러한 자의성도 한 언어사회를 전제로 하는 자의성이다. 언어는 한 언어사회에서 쉽게 바뀌지 않는 조직적 체계라는 점에서 강한 보수성을 갖는다. 그러나 한편 사회의 변천에 따라 언어는 바뀔 수도 있으며 어떤 특수한 집단의 언어가 전체적으로 파급되어 혁신적인 변화를 경험하기도 한다.

언어는 항상 구체적인 한 언어사회의 장(場)에서 사용되기 때문에 한 언어사회 내에서도 여러 다양한 층을 가지고 사용된다. 공식적인 장소와 비공식적인 장소에 따라서 언어사용이 다르다. 여러 사람이 모이는 공식적인 장소나 예의를 갖추어야 할 자리에서는 격식을 갖춘 정중한 언어가 사용되며, 사적인 자리나 친밀한 사이에서는 존대법 등 어법이 잘 지켜지지 않는 언어 사용이 이루어진다. 또한 언어 사용은 지역에 따라서도 다른데, 언어사회마다 지역에 따라 독특한 억양을 갖는 지역 방언(dialect)이 존재한다. 세대나 계층적 차이에 따라서도 언어 사용이 다르며, 특수한 집단에서 사용하는 은어, 속어 등은 일반 사람들이 이해하기 어려울 정도로 다르다. 이러한 언어사회의 다양성을 연구하여 그것의 특성을 분석하는데 주의를 집중시키는 분야가 사회언어학(sociolinguistics)이다.

사회언어학의 중요한 연구 과제 중의 하나는 사회 경제계층,

나이, 성, 민족 등의 요인들에 따라서 변하는 언어를 고찰하는 것이다. 한 언어사회가 이질적 다민족으로 구성된 경우 언어의 이질화는 크다고 할 수 있다. 미국의 경우 흑·백인종 간의 언어 이질화는 세대, 계층간의 이질화와 겹치면서 심각한 지경에 이르고 있다. 흑인 영어(Black English)는 음운, 형태, 통사에 이르기까지 표준영어와는 매우 다른데 발음과 문법에 있어서 생략이 심하고 경제적인 간략화의 길을 가고 있다. 예를 들면, 콧소리 앞에서의 홀소리를 비음화하고 대신 닿소리를 탈락하여 'run, rum, rung' 등을 모두 [rə]로 발음하며, 흔히 be 동사의 현재형을 탈락하여 'she real nice' 등으로 사용한다. 흥미로운 것은 원래 흑인 영어는 교육을 제대로 받지 못한 낮은 신분의 흑인사회에서만 사용되던 것이었는데 최근에는 인종을 초월하여 젊은 세대들에게 흑인 영어의 간편한 발음, 문법들이 퍼져 나가고 있다고 한다. 그리하여 흑인들이 많이 거주하는 지역의 학교에서는 이들이 정규 과목을 이수하기 전에 표준영어를 이수해야 하는 교육 과정을 마련하는 등 한 언어사회에서도 이중언어 사용자에 가까운 대책을 마련하고 있는 것이다. 이러한 미국의 경우는 한 언어사회 안에서도 이질화가 심해지면 서로 이해가 불가능한 두 개의 언어로 분화할 수 있는 가능성을 보여주며, 또한 흑인 영어의 영향을 받은 미국 영어가 원래의 영어에서 상당히 달라질 가능성도 내포하고 있다.

미국의 사회언어학자 W.Labov는 언어의 이러한 이질화에 대한 연구를 계속하고 있는데, 동시대의 언어 속에도 다양한 이질성이 항상 존재하며 이러한 이질화는 언어 변화의 한 요인이 될 수 있다고 보았다. 즉, 언어의 공시태(synchrony) 속에 존재하는 언어의 이질성은 통시태(diachrony)적인 측면에서 볼 때 언어 변화의 한 과정이 될 수 있다는 것이다 이러한 이론은 Chomsky와 생성문법 학자들이 동일한 언어사회에서 이상적인 화자와 청자의 언어능력에 관심을 갖는 즉, 한 언어사회의 동질성을 전제로 이루어지는 연구와는 상당히 다른 관점에서 이루어지는 연구라고 볼 수 있다. .

또한 한 언어사회의 언어 사용은 그 사회의 문화적 배경과도 관련하여 다른 언어사회와 상당히 다른 형태로 나타난다. 미국 인디언의 하나인 Western Apache족의 사회는 침묵을 언어보다 훨씬 소중히 여기는 사회이다.

사회언어학자 Basso는 그들과 생활하면서 그들의 언어 사용을 연구하였다. 그들은 낯선 사람을 만나면 서로 절대로 말을 걸지 않으며, 집안에 큰 슬픔을 당한 가족들에게는 매우 오랜 기간 위로의 말까지도 삼가며, 집을 몇 달 동안 떠났다 돌아온 자기 아들에게도 그들이 말을 하기 전에는 부모가 절대로 먼저 말을 걸지 않는다. 그들은 말이란 해롭거나 위험할 수 있으며 무례할 수 있다는 철학을 가지고 있으며 말 대신 침묵을 선택한 사회에서 살고 있는 것이다.

실제로 무심코 던진 한 마디 말이 뜻밖에도 상대방의 가슴속에 비수처럼 꽂혀 그 사람을 오랫동안 괴롭힐 수도 있다는 것을 우리는 알아야 한다. 우리말에도 '세 치 혀를 조심하라'는 말이 있듯이 말이 화근이 되어 여러 가지 불상사가 일어난다는 것을 생각해 보면 그들이 갖는 침묵의 미덕을 이해할 수도 있을 듯하다. 그들은 무척 인내심이 강한 민족임에 틀림이 없으리라. 인간이 말을 하지 않고 생활한다는 것이 얼마나 어려운 것인지는 이를 잠시라도 경험해 본 사람이면 알 수 있을 것이다. 수도자들이 수행과정에 일정 기간 동안 말을 하지 않는 묵언정진 기간을 거친다는데 수행자들은 이 기간이 수행 중 가장 어렵다고 한다.

이렇듯 언어는 인간의 다양한 삶만큼 다양하게 존재한다. 한 언어사회에서도 많은 형태의 다양함이 존재하고, 다른 종족 사이에도 다른 문화적 배경과 함께 상당히 다른 언어 사용이 이루어지고 있는 것을 알 수 있다. 이 모든 다양함은 그 범위가 크든 적든 결국 개인이 소속된 언어사회의 정체성을 확인하는 길이기도 하다. 우리 인간은 자기가 소속된 언어사회의 구속을 받으면서 언어 사용을 하고 있는 것이다.

9.2. 혼성어

언어가 서로 같지 않은 언어사회에 소속된 사람들이 의사소통을 꼭 해야 한다면 어떤 방법이 있을 수 있겠는가? 서로의 언어를 혼합하여 합의된 하나의 혼성어(lingua franca)를 만들 수 있을 것이다. 이 혼성어란 용어는 중세 때 상거래를 목적으로 지중해 연안을 따라 사용된 언어에 주어진 언어에서 차용되었다. 이 언어에는 그리스어, 아라비아어, 로만스어의 요소들이 결합되었다. 오늘날 이 용어는 상거래, 외교, 그밖의 사회적 기능을 쉽게 하기 위해 서로 합의한 모든 언어를 가리키는데 사용된다.

이와는 좀 다른 형태를 갖는 혼성어가 있는데 혼합어(pigin)

라고 불리는 언어 형태이다. 이 혼합어는 미국에 정착하게 된 초기 유럽인들과 토착민들인 미국 인디언들이 서로 의사소통을 위해 유럽어인 영어, 네델란드어, 불어, 스페인어, 스웨덴어 등이 바탕이 되어 형성된 언어이다. 이것은 적은 어휘와 간단한 문법으로 이루어진 일종의 혼성어인데, 유럽어가 원어(source language)가 되고 이들의 어휘와 문법구조의 빈틈을 메우기 위해 토착민들 자신들의 지역언어(local language)의 몇몇 문법요소와 낱말이 부가되었다. 이 결과로 생긴 혼합어는 어느 한 집단에게도 모국어가 아니며, 서로 접촉할 때에만 사용되었다. 이와 같은 형태의 혼합어는 주로 식민지 개척의 결과로 생겨난 것이기 때문에 많은 부정적 의미를 안고 있는 언어 형태인 것도 사실이다. 그러나 어떤 혼합어는 오늘날까지도 많은 사람들에 의하여 말하여지며 그 중 중요한 것을 들면, 뉴기니아의 몇 개의 토착어와 영어에 근거한 Tok Pigin과 북미 태평양 북서쪽 인디언들의 Chinook라는 혼합어이다. 그 지역 여러 종족들은 자신의 모국어를 가졌지만 그들이 서로 거래할 때는 이 혼합어를 사용한다.

　　어떤 혼합어는 새 세대 화자의 모국어 또는 제 1 언어가 될 수 있는데 그러한 언어를 혼효어(creole)라고 한다. 혼효어는 부모가 혼합어를 통해서만 서로 의사소통을 하고, 이 혼합어가 아이의 제

1언어가 될 때 발달하는데 한 지역에서 모든 가족들이 혼합어를 써야만 할 때 혼효어를 위한 강화가 일어난다. 예를 들어 서로 다른 방언을 말했던 여러 부족의 아프리카인들이 미국 대륙에 오게 되었을 때 그들은 농장 주인에게 한 혼합어를 배우고 그 혼합어는 그의 자식들에게 제1언어가 되는 것이다. 한 혼합어가 혼효어로 발달하면 더 많은 낱말과 문법적 복잡성을 가지게 되어 때때로 한 혼효어는 매우 발달된 언어가 된다. Haiti와 남부 Louisiana에서는 옛 농장 주인의 언어인 프랑스어가 그대로 혼효어의 지배언어가 되고 있으며 South Carolina와 Georgia 연안에서 떨어진 섬주민들에 의하여 말하여지는 Gullah 방언과 Jamaica에서 말해지는 영어에 바탕을 둔 혼효어는 매우 발달된 언어가 되었다.

제10장

언어와 심리

10.1. 언어학적 접근

모든 언어행동의 기저에는 심리적 과정이 있다. 언어의 산출과 이해, 언어 습득, 기억 등은 모두가 심리적 과정을 통해서 이루어진다. 특히 언어의 사용 즉, 말의 산출(production)과 이해(comprehension)의 기저에 있는 심리적 과정에 대한 연구는 언어와 심리와의 관점에서 중요한 주제가 되고 있으며 이러한 언어와 관련된 모든 심리적 과정을 연구 대상으로 하는 분야를 심리언어학(psycholinguistics)이라고 한다.

인간이 언어활동을 하는 동안 우리가 외부적으로 관찰할 수 있는 것은 말의 출력(output)과 입력(input)일 뿐 내부에서 무엇이 행해지는가는 일종의 '검은 상자'와 흡사하다. 이러한 '검은 상자'에 대한 호기심은 오래 전부터 여러 학자의 관심을 끌었는데 특히 생성문법 이후 새로운 연구 분야로 부각되고 있으며 언어학, 심리학, 논리학, 언어철학과 관련이 있고 그밖에 신경언어학, 인지과학과도 관련이 있다. 이와 같이 심리언어학의 연구 범위가 대단히 넓기 때문에 아직 학문적으로 일정한 틀이 잡혀져 있지는 않지만 특히 생성문법의 언어관이 인간의 정신이나 뇌 속에 내재하는 언어능력이 바로 말을 이루는 문법이라고 보기 때문에 문법의 본질을 해명하려는 생성문법의 연구 성과가 언어의 산출과 이해, 언어 습득 등에 관한 연구를 크게 촉진시켰다고 볼 수 있다.

언어행동의 기저에 있는 심리적 과정의 현상에 대한 설명은 20세기에 와서 크게 두 가지 관점에서 이루어졌는데 행동주의적 관점과 심리주의적 관점이 그것이다.

행동주의(behaviourism)에 의하면 사람에게 어떤 자극(stimul-us)이 주어지면 어떤 반응(response)이 나타나는데 이때 어떤 자극에 대한 반응으로 어떤 행동이 나타났다면(S → R), 그 행동은 자극이 나타내는 의미라고 생각한다. 그리하여 객관적으로 나타나는 행동만을 연구하며, 포착할 수 없고 주관적이며 분류할 수 없는 요소인 의미(sense)를 제거한다. 다만 어떤 발화체가 어떠한 객관적인 상황과 일치하는가의 여부만 확인하는 것이다. 그래서 형식과 의미의 관계는 언어표현과 상황의 관계로 귀착되며, 거기서 언어표현은 반응인 동시에 자극이 될 수 있다. 이러한 행동주의 심리학은 Watson과 Skinner에 의해서 발전되고 미국의 구조주의 언어학자 Bloomfield에 의하여 언어학에 도입되었다. 그러나 이러한 접근은 인간의 내면적 심리에는 관심을 두지 않고 객관적으로 관찰할 수 있는 행동만으로 언어활동을 처리한다면 자칫 기계적으로 되기가 쉬울 뿐만 아니라 결코 복잡한 인간의 언어활동을 분석할 수는 없다는 약점을 가지고 있다.

　　심리주의(mentalism)에 의하면 언어는 심적 상태와 불가분의 관계에 있으며 자극에 의해서 외부로 나타나는 반응만으로는 언어의 본질을 이해할 수 없으며 인간의 내면적 심리 과정을 이해해야 한다는 것이다. Chomsky와 생성문법은 이러한 심리주의에 기반을 두고 있으며 그의 언어능력, LAD 등의 이론이 여기에서 나온다. 그러나 이런 심리주의에도 인간의 심성이라는 것이 엄격히 과학화하기가 힘들며, 추상화의 한계를 어디까지 허용해야 할 것인가라는 문제점을 가지고 있다.

이와 같은 행동주의와 심리주의의 근저는 인간의 정신사 연구에 있어서의 커다란 두 지류와 연관되어 있는데, 인간의 정신이나 심적 현상은 경험을 통해서 후천적으로 형성된다고 주장하는 경험론과 이와 반대로 인간의 정신에는 선험적으로 이성이 존재한다고 보는 이성론이다. 이들은 역사적으로 서로 팽팽히 맞서면서 발전을 계속해 왔다고 볼 수 있으며, 20세기 언어학 연구에서는 구조문법이 경험론을 강조하고 생성문법이 이성론을 강조하였다. 이러한 두 주장은 언어이론에 있어서 여러 가지 대립된 견해를 갖게 되는데 위에서도 살펴본 행동주의와 심리주의의 대립 외에도 인간의 언어 습득 과정에서도 후천성과 선천성으로 뚜렷이 대립되며(제4장 참조), 언어의 특수성과 보편성을 주장하는 관점에서도 크게 대립된다(제 6장 참조). 근래 심리학적 연구에 있어서 이성론의 입장에 선 생성문법의 보편성 이론이 큰 영향을 미치고 있는 것은 사실이나 경험론적 입장의 언어의 특수성 연구도 계속되고 있다. 특히 사회언어학과 심리언어학적 탐구의 많은 부분이 언어에 관한 모든 것 즉, 일반적 유형뿐만 아니라 허용되는 특이한 변이들을 설명하려고 하기 때문에 언어의 차이들을 설명해 줄 원리를 찾아내려는 노력으로 이러한 경험론적 특수성에 관한 연구가 진행되고 있다.

　　또한 언어와 심리와의 관계 연구에 있어서 인간 정신구조의 기능을 해명하려는 것을 목표로 새로운 연구가 현대 과학 기술의 발전에 힘입어 미국에서 시작되었는데 인지과학(cognitive science)이라는 분야이다. 생성문법(언어학)과 인지심리학(심리학), 인공지능(기계공학) 등의 연구가 합세하여 인간 정신의 본질을 여러 각도에서 해명하려고 한다. 인지(cognition)란 지각, 판단, 결정, 기억, 언어 사용과 이해 등 인간의 정신에 관여하는 심적 과정과 그 산물에 대한 총칭이다. 언어학의 혁명이라고까지 말할수 있는 Chomsky 이론의 결과 언어학이 인간의 정신구조의 연구까지 미치게 되었으며 언어학을 인지심리학의 한 영역이라고까지 말하게 되었다. 그러나 Chomsky 이후 언어의 구조만을 가지고 인간의 정신을 설명해 내는 데에 한계를 느낀 많은 학자들이 새로운 돌파구를 마련하려 하고 있으며 그 결과 최근 가장 두드러지게 나타나는 연구 방법의 흐름은 인간의 언어 사용 능력은 다른 인지능력과 구별할 수 없다는 이론이다. 언어구조 외에도 추리, 기억, 의식, 개념화, 범주화, 영상화 등의 능력이 언어구조와 밀접하게 관련되어 있으므로 이런 것들을 함께 연구해야 언어와 정신의 이해에 도움이 될 것이라는 것이 이 새로운 시도인 인지과학 분야의 주장이다.

언어와 심리의 상호작용의 현상을 관찰해 보면 여러 가지 보편적 언어 현상이나 언어의 제한성이 인간의 심리구조와 작용에서 기인한 것임을 엿볼 수 있다. 한 예를 들어 보면, 인간은 본능적으로 이기적인 동물이어서 자기 중심적 세계를 만든다. 이런 이기적인 심리구조는 언어표현에도 반영되어 시간이나 공간에 관한 한 쌍의 단어를 열거할 때 언어학자 Cooper & Ross가 부른 '나 먼저 원리(me first principle)' 원칙에 의해 화자에게 더 가까운 것을 먼저 말한다.

여기 저기(*저기 여기)　　　　here and there(*there and here)
이것 저것(*저것 이것)　　　　this and that (*that and this)
이제나 저제나(*저제나 이제나)　now and then(*then and now)

위의 예는 심리구조가 언어구조에 영향을 미치는 경우인데 반대로 언어구조가 심리작용에 미치는 예를 하나 들어 보자. 심리학자 Foder & Bever의 '딱소리 실험(click experiment)'이라는 것인데 문장 사이사이에 '딱' 소리를 삽입하고 청자들이 '딱' 소리의 위치가 어디라고 인식하는가를 실험하는 것이었다. 여러분이라면 어디에 '딱' 소리를 삽입하겠는가?

That he was happy was evident from the way he smiled

위 문장에서 가장 두드러진 구절구조의 경계는 주어부와 술어부의 경계인 'happy'와 'was' 사이이다. 이 사이에 삽입한 '딱' 소리는 다른 위치의 '딱' 소리들보다 청자들이 그 위치를 더 정확히 인식할 수 있었다. 이는 하나의 단위를 이루는 언어의 구성요소를 어떤 외부적인 요소로 분리시키는 것을 거부하는 심리적 경향 때문이라고 볼 수 있다. 화자가 대화 중에 기침을 한다든지 할 때도 아무데서나 하지 않고 주어나 술어의 경계에서나 단어와 단어의 경계에서 하는 경향이 있음도 이러한 심리 작용에서 비롯하는 것이라고 볼 수 있다.

10.2. 정신분석학적 접근　언어활동이 제기하는 심리적 문제들이 언어학자들의 관심을 끈 것은 20세기 초부터였는데, 그 처음은 오스트리아의 정신분석 의학자 Freud의 연구에서 시작되었다. Freud는 언어기능 방식의 재현에 새로운 관점을 열었고 현대 언어과학이 의존하고 있던 이성론적 인식을 흔들어 놓았다. 정신분석은 환자의 말을 그 대상으로 삼고 있으며 정신분석학자는 화자의 의식 또는 무의식 기능 방식들을 탐구하기 위해 말과 그 구조 그리고 그것의 법칙 외에 다른 방법이나 실제를 상정하지 않는다. 정신분석은 모든 징후를 언어활동으로 간주하려 한다. 그 징후들로 일종의 기표(signifiant) 체계를 만들고 법칙들을 찾아내야 하는데 그 법칙들이 실제 언어활동의 법칙들과 유사한 것이다. 특히 꿈은 해독해야 할 상형문자와 유사한 규칙들을 갖는 것으로 간주되며, 이러한 꿈에 대한 연구 법칙이나 무의식의 발견과 같은 정신분석의 원칙들은 언어활동에 대한 기존 인식을 상당히 바꾸어 놓는다.

정신분석학자는 화자의 말 속에서 허구적인 것과 실제적인 것 모두를 관심있게 듣는데 이는 그것들이 모두 담화적 현실을 지니기 때문이다. 그 담화에서 그는 먼저 무의식적인 동기를 발견하고 다음으로 징후들을 초래하는 다소 의식적인 동기를 발견한다. 일단 그 동기가 드러나면 모든 신경증적 행위는 명백한 논리를 나타내고, 징후는 마침내 재발견된 그 동기의 상징(symbol)으로 나타난다. Freud는 정신세계를 잘 이해하기 위해서는 의식의 세계보다는 무의식 세계를 잘 들여다 보아야 한다고 하였다. 무의식이란 작은 원과 같은 의식을 가두어 두는 큰 원과 같은 것으로, 모든 의식은 무의식의 단계를 지나며 무의식은 정신 그 자체이며 정신의 본질적 현실이라고 주장한다.

만약 화자의 무의식적 동기가 추억이나 꿈 등의 화자의 과거에서 담화에 제시된다면 무의식적 동기의 탐색은 화자와 분석자의 수평적 담화상황 속에서 실현된다. 이러한 정신분석 행위에서 우리는 화자와 청자가 연결되어 있으며 모든 담화는 타인과 연결되어 있다는 근본적 사실을 재발견한다. 정신분석은 이렇듯 화자와 청자의 이중구조를 제시하는데, 화자는 언어를 사용해 담화행위의 구조 속에서 담화의 통사관계나 논리관계를 구성해 낸다. 이때 사용하는 언어는 규범언어 속에서의 주관적이고 개인적인 하나의 구체언어가 된다. 언어는 구체적인 담화의 도구를 제공하는데 그 담화 속에서 화자의 인격은 해방되고 창조되며 타인에게 전달되고 인정받는다.

정신분석가는 담화 속에 나타난 내용을 통해 잠재된 콤플렉스에 기인하는 무의식적 동기를 찾게 되는데, 그는 환자가 발화한 것뿐만 아니라 생략한 것을 통해서도 언어에 내재한 상징성을 넘어서 특정한 상징성을 찾는 것이다. 그러므로 정신분석가는 담화를 또 다른 언어의 매개수단으로 간주하게 되는데, 이 언어는 그 나름의 규칙과 상징기호 그리고 특유한 통사를 지니고 있으며 심리적 심층구조와 통한다.

Freud의 기표체계는 언어 내적인 동시에 언어 초월적인 것으로, 특정한 언어를 횡단하는 보편성을 지니며 강한 상징성을 나타내는데 그 상징체계는 꿈, 무의식적 비유, 모든 집단적 표현 -민속, 신화, 전설, 경구, 속담, 농담- 속에 나타난다. 정신분석의 영역은 화자의 불안정한 담화 영역을 훨씬 능가하여 원시 사회의 금기어처럼 복합적이고 해독이 불가능한 상징체계들까지 접근하려는 시도를 한다. 정신분석의 본질은 상징(symbolism)에 있다. 즉, 정신분석은 상징이론에 기초를 두고 있는데, 언어란 바로 상징화 작업이다. 차이점이 있다면 정신분석의 상징은 무의식적 상징이라는 것이다. 요약하자면 정신분석은 인간 정신에 내재하는 무의식적 상징성과 그것이 담화 속에 실현되어 나타난 주관적인 몇몇 과정들을 아주 유효하게 분석하는 것이다.

　　Freud는 언어활동에 대한 새로운 시각을 제공하였으나 그의 언어활동에 대한 분석적 이론은 오늘날 언어학자들이 별 관심을 보이지 않고 있는 것이 사실이다. 특히 미국의 구조문법과 생성문법에서 공식화된 문법이론과 정신분석에서 정립한 법칙들이 어떻게 조화될 수 있는지는 아직 미지수이다. Freud는 언어학자가 아니며 그가 연구하는 대상인 언어활동은 언어학에서 접근하고 있는 문법규칙과 판이하게 다르다. 그러나 언어학에서 상징기호의 특성을 파악하는 일은 필요한 일이고, 이러한 상징기호들의 분석이 합당하게만 진척된다면 언어 내에서 그리고 언어의 영역 밖에서도 의미작용의 복잡한 절차에 대한 명확한 이해를 기대할 수도 있을 것이다. 그리고 인간 행태의 구조에 무의식적인 것이 존재하고, 이 때 표현되는 상징들의 기호작용도 무의식적이기 때문에 심리학자, 사회학자, 언어학자는 이와 같은 무의식의 연구에도 동참할 필요성이 있는 것이다. 언어활동에 대한 이러한 분석적 입장이 Saussure가 꿈꾼 기호학적 기표체계 이론에 도입되어 언어활동에 대한 이성론적 인식이 수정되어 언어과학적 기표체계의 다양성을 파악할 수 있다면 이러한 이론이 언어학 발전에 도입될 날이 올 수도 있을 것이다.

제11장

언어와 문자

11.1. 입말과 글말

대개의 글을 아는 사람에게는 말과 글이 밀접하게 관련되어 있어 이들을 잘 구분하지 않고 인식하는 경향까지 있다. 흔히 많은 사람들이 어떤 맥락 속에서 '한국어'와 '한글'을 정확히 구분하여 사용하지 않는 경우를 목격한다. 실제로 글을 배운 사람이라면 그들의 언어생활 속에서 문자가 그들의 언어를 상당 부분 지배하고 있음을 느낄 수 있을 것이다.

특히 고도의 정신적 인식력은 많은 부분 문자에 의존하고 있다고 볼 수 있다. 이렇듯 인간은 말해지는 언어인 '입말'(spoken language)과 읽고 쓰여지는 언어인 '글말'(written language)을 동시에 향유하고 있다고 볼 수 있다. 입말은 음성으로, 글말은 문자로 표현되며 이들은 각각 음성언어와 문자언어라고 불릴 수 있다.

그렇다면, 이 둘 중 어느 것이 인간에게 우선하는 것일까? 일반적으로는 말이 글에 우선하는 것으로 보고 있다. 즉, 글은 말의 보조 수단이며 아무리 발달된 문자체계라도 조금도 손색 없이 말을 그대로 전달하기는 어렵고 의사소통의 진정한 동력은 말이라는 것이다. 또한 수많은 언어들은 표기수단인 문자를 가지고 있지 않으며 언어와 문자의 기원의 역사를 보더라도, 우리에게 비록 증거는 없지만, 언어의 역사는 문자의 역사에 비하여 오래된 것으로 보고 있다. 그러나 문자의 원초적 기원을 그림 형태로 보고 그것이 지금까지 남겨지지 않고 사라져 버렸을 가능성을 상정해 볼 수 있다면 문자의 기원은 지금까지 알려진 연대보다 훨씬 거슬러 올라갈 수 있을 것이다. 어쩌면 인류가 말을 사용할 수 있기 전에도 그림 형태의 어떤 표시를 했을 가능성도 있다.

또한 인류는 문자에 의해서 그들의 역사를 후세에 남길 수 있게 되었다. 음성언어가 시간 속에서 전개되어 시간 속으로 사라지는 것이라고 한다면, 문자언어는 공간적 외형을 가지고 작용하면서 시간 속에서 지속된다고 볼 수 있을 것이다. 고대 로마인이 남긴 '말은 날아가고 글은 남는다'란 말은 문자의 중요성을 잘 말해주고 있다.

인류의 문화를 역사적인 관점에서 볼 때 어떤 형식으로든 기록된 문자가 모든 문화의 기초를 이루고 있으며 찬란한 문화를 가진 민족은 일찍부터 문자체계를 가지고 있었다는 점을 보더라도 인간에게 문자의 출현을 결코 과소평가해서는 안될 것이다. 결국 인간은 음성언어와 문자언어의 서로 깊은 관련 속에서 언어생활을 하고 있는 것이다.

11.2. 문자와 상형

지구상에 존재하는 문자 수는 약 400개 미만 정도로 알려지고 있다. 이러한 문자는 과연 어떤 과정을 거쳐 발달하게 되었을까? 인간은 아득한 옛날부터 무엇인가를 전달하고 또한 오래 남기려는 시도를 하였을 것이며 그러한 방식들이 발달하여 문자가 되었을 것이다. 그러한 원시적인 시도 중에서 지금까지 알려진 것으로 매듭끈(knotted cords)이라는 것이 있다. 고대 잉카제국의 quippu라는 매듭은 보통 굵은 끈 하나에 많은 가는 끈이 달려 있고 그 가는 끈들은 복잡한 매듭으로 연결되어 있다고 한다. 또한 가는 끈들은 색깔이 달랐는데 이와 같이 매듭과 색깔로 어떤 중요한 의미를 전달했을 것으로 생각되나 지금의 우리로서는 그것을 확실히 알 수가 없다. 이러한 매듭 외에 수렵인들이 남긴 것으로 보이는 동굴벽이나 암벽에 그려진 원시적인 그림 또한 그러한 시도로 볼 수 있다. 이러한 그림은 세계 도처에 남아있는데 이것을 그림문자라고 부를 수도 있으나 엄밀한 의미의 문자는 아니지만 문자가 체계를 이루어 사용되기 이전의 단계로 보아야 할 것이다.

모든 문자는 기본적으로 상형(象形)에서 비롯한다고 할 수 있다. 이 상형문자(pictrograph)가 발달하여 표의문자가 되었으며 이것이 점점 간소화하여 표음문자로 발전하였다. 실로 표음문자도 기본적으로는 상형문자인 것이다. 가장 오래된 문자체계로 알려진 설형문자, 갑골문자 등이 그림문자에서 상형문자로 발전한 것임을 우리는 잘 알고 있다.

설형문자를 최초로 사용한 민족은 B.C. 3000년 경의 메소포
타미아의 Sumer인으로 추정하고 있다. 그들이 쐐기 모양의 설형문
자를 발전시키게 된 것은 그 지역에 나무나 돌이 적어서 건축 재료
로 진흙을 구운 벽돌을 사용하였는데 이러한 벽돌판에 끝이 뾰족한
V자 형의 금속을 사용하여 쐐기 모양의 그림을 새겨 넣었을 것으로
추정하고 있다. 그리고 이 그림문자를 새긴 진흙판을 불에 태워 말
려서 보존하였다.

다음 그림은 설형문자의 가장 간단한 구성 방법의 예이다

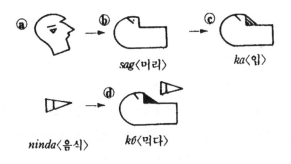

‘머리’를 표시하는 그림 ⓑ에 ‘입’은 머리의 한 부분에 간단

히 표시하여 ⓒ를 만들고 '먹다'를 표시하는 ⓓ는 다시 '입'을 표시하는 그림에 음식을 표시하는 그림 기호를 그려 넣었다. 이러한 내용을 되풀이하면서 그들은 문자의 복잡한 용법을 고안하게 되었을 것이다.

중국 한자의 기원이 상형문자인 갑골문자임은 잘 알려진 사실이다. 갑골문자는 거북이의 등껍질이나 짐승의 뼈에 점복(占卜)의 기록을 새긴 것으로 중국 고대의 상형문자의 시초로 알려져 있다. 현재 갑골문자는 약 3500자 정도가 알려지고 있는데 그 반 이상이 해독이 되었다고 한다. 그 후 갑골이 아닌 금속에 새기는 금문(金文)이 공통문자로서 각지에 전파되었다.

중국어의 기능 방식은 중국 문자에 밀접하게 연결되어 있어서 하나 없이는 다른 하나를 이해하기가 어렵다. 중국어의 언어활동을 아는 것은 곧 문자에 대한 지식이 된다. 이는 다른 많은 문자가 '상형문자 → 표의문자 → 표음문자'로 변천하였는데 중국문자는 많이 간략해지기는 했지만 아직도 문자에 상형성이 남아 있는 표의문자이기 때문이다. 언어가 현실을 지시하는 인간 정신의 지시작용으로 간주할 수 있다면 중국의 표의문자는 사물의 지시작용일 뿐 아니라 지시작용의 지시작용 즉, 몸짓의 그림이기도 하다는 가정을 전개할 수 있다. 중국인들은 문자의 총체를 특수한 대상으로 생각하고 체계화하려는 시도를 하였는데 이것이 육서의 개념이다. 그림 형태의 상형(象形), 상황을 지시하는 간접 상징의 지사(指事), 개념들을 결합한 회의(會意), 상호 이전될 수 있는 의미 작용인 전주(轉注), 차용된 음성문자인 가차(假借), 그림과 소리를 아우른 형성(形聲) 등이 그것이다.

중국의 한자같은 표의문자는 기본적으로 하나의 개념에 하나의 뜻글자를 갖는 것을 원칙으로 하는 단어문자로서 어쩌면 인류의 이상적인 문자체계일 수 있다. 그러나 생각해 보라. 이 우주에는 얼마나 많은 개념들이 존재하는가? 그리고 우리가 그것을 다 문자화하여 기억한다는 것은 불가능에 가까울 것이다. 그리하여 한 단어를 표시하는 상형문자 혹은 표의문자인 단어문자는 음절문자나 음소문자로 변천하게 되는 것이다.

지금 세계에서 가장 많이 쓰이고 있는 음소문자인 로마식 알파벳(Roman alphabet)도 기원적으로는 상형문자이며 단어문자이었다면 믿을 수 있겠는가? 이것의 변천 과정을 살펴 보면 다음과 같다. 메소포타미아의 그림문자가 설형문자로 변화하는 과정의 영향 아래서 발생한 고대 이집트의 성각문자는 여러 문자들을 파생시킨다. 즉, 이집트의 성각문자는 페니키아 문자가 되고, 그것이 히브리, 그리스, 아랍 문자 등이 되며, 이것이 다시 고트, 슬라브, 인도, 시리아, 라틴 문자 등이 되어 로마식 알파벳을 탄생시키게 되는 것이다. 예를 들면, 지금도 히브리어에서는 '소'를 'elef'라고 하는데 이것이 그리스어에서 'alpha'가 되었고 다시 단어의 첫 음만 따서 'a'가 되었다. 'b'의 경우도 '집'을 나타내는 히브리어의 'bait'가 그리스어의 'b-eta'가 되었고 다시 이 단어의 첫 음만 따서 'b'가 되었다. 이러한 그리스 문자는 그대로 라틴 알파벳이 되는데 이것은 결국 단어문자인 'alpha'와 'beta'가 합하여 'alphabet'이라는 명칭이 되고 오늘날의 음소문자인 'a, b, c, . . . '가 된 것이다.

이제 이러한 'A,a'와 'B,b'가 다음과 같이 '소'와 '집'의 상형에서 나온 것임을 이해할 수 있을 것이다.

$$\lor \rightarrow \forall \rightarrow A\ \alpha \rightarrow A\ a$$

$$\sqcap \rightarrow \triangleleft \rightarrow B\ \beta \rightarrow B\ b$$

$$(1) \qquad (2) \qquad (3) \qquad (4)$$

(1)은 가장 오랜 것으로 생각되는 Sinai 문자, (2)는 페니키아 문자, (3)은 그리스 문자, (4)는 라틴 문자이며, 소문자는 후대에 발달하였다. (1)에서는 소의 머리 모양이나 네모난 집 모양을 보여 주고 있으며, (2)에서는 이것이 간소화하여 도형적 성격을 갖게 되며, (3)과 (4)에 와서는 완전히 기호화하였다.

우리 한글은 대표적인 표음문자인데 이것은 훈민정음 창제 당시부터 음소문자이었다. 그런데 이러한 음소문자인 한글이 상형문자라면 믿을 수 있겠는가? 세종대왕은 훈민정음 창제를 위하여 인간의 발음기관과 음운학을 깊이 연구하였을 뿐 아니라 또한 우주의 생성원리에 대한 역(易) 철학을 문자의 생성원리에 적용하였다. 그리하여 우리글의 홀소리는 우주 생성의 기본이 되는 하늘, 땅, 사람을 상형하였고, 닿소리는 실제 소리가 나는 발음기관을 상형하였다. 'ㄱ'은 뒤혀가 목젖에 닿는 모양을, 'ㄴ'은 혀끝이 웃잇몸에 닿는 모양을, 'ㅁ'은 입술 모양을, 'ㅅ'은 이 모양을, 'ㅇ'은 목구멍 모양을 흉내낸 것이다. 이 기본 다섯 글자를 만들고 나머지 글자에 대하여는 가획의 원리를 적용시켰다. 'ㄱ'에 한 획을 더하여 'ㅋ'을 만들었으며, 'ㄴ'에 한 획을 더하여 'ㄷ'을, 다시 한 획을 더하여 'ㅌ'을 만들었다. 'ㅁ'의 위에 획을 더하여 'ㅂ'을, 'ㅁ'의 옆에 획을 더하여

'ㅍ'을 만들었다. 'ㅅ'에 한 획을 더하여 'ㅈ'을, 다시 한 획을 더하여 'ㅊ'을 만들었다. 'ㅇ'에 한 획을 더하여 'ㆆ'을, 다시 한 획을 더하여 'ㅎ'을 만들었다.

홀소리에 대하여는 우주의 삼재(三才)인 하늘(丶)과 땅(ㅡ), 사람(ㅣ)으로 기본이 되는 세 글자를 만들고, 이것들의 조화(ㅏ, ㅓ, ㅗ, ㅜ)와 다시 이들의 재출(ㅑ, ㅕ, ㅛ, ㅠ)로 홀소리 글자를 완성하였다.

이렇듯 우리의 훈민정음은 이론과 실천에 있어서 완벽한 체계를 가지고 만들어졌으며, 지구 상에 존재하는 문자 중 가장 음성학적이고 과학적이며 또한 철학적이라는 평가를 받고 있다. 그 수가 결코 많다고 할 수 없는 훈민정음 28자의 음소문자(닿소리 17자, 홀소리 11자)는 초성, 중성, 종성의 삼분법 구성을 이루면서 실로 온 우주 삼라만상의 소리를 못 적을 것이 없을 정도로 완벽한 소리체계를 갖추고 있는 것이다.

우리글이 없었던 시기 즉, 훈민정음이 제정되기(1443년)까지 우리는 오랫 동안 중국의 한자를 그대로 빌어 쓰거나 이를 우리식으로 수용한 향찰, 이두, 구결 등의 불완전한 차자표기 체계를 발전시켜 사용하였었다. 이런 경우에는 글의 말에 대한 간섭이 일어나기 마련이며, 순수한 우리말과 우리 문화가 한자의 영향을 받아 사라지게 되는 원인이 되는 것이다. 이렇듯 말과 글은 뗄 수 없는 관계에 있으며 서로 깊은 영향을 미치며 한 문화를 발전시키는 원동력이 된다. 그러므로 우리는 훌륭한 문화 유산인 우리의 언어와 문자를 사랑하여 우리의 문화를 발전시키는 데에 최선의 노력을 하여야 할 것이다.

참고문헌

김방한(1985), 『언어학사』, 형설출판사.

김방한 역(1997), 『일반언어학개요』(André Martinet, Éléments de laing uistique générale), 일조각.

김방한(1992), 『언어학의 이해』, 민음사.

김방한(1994), 『언어와 역사』, 서울대학교 출판부.

김방한(1998), 『소쉬르』, 민음사.

김방한·문양수·신익성·이현복(1985), 『일반언어학』, 형설출판사.

김여수(1997), 『언어와 문화』, 철학과 현실사.

김인환·이수미 역(1997), 『언어, 그 미지의 것』(Julia Kristeva, Le Lan gage, Cet Inconnu), 민음사.

김종철·김태언 역(1996), 『오래된 미래 : 라다크로부터 배운다』(Hele na Norberg-Hodge, Ancient Future : Learning from Ladakh), 녹색 평론사.

김진우(1985), 『언어』, 탑출판사.

김진우(1992), 『인간과 언어』, 집문당.

김한곤·이상억(1989), 『언어학 신론』, 개문사.

김한영·문미선·신효식 역(1998), 『언어본능(상)』(Steven Pinker, The Language Instinct), 도서출판 그린비.

김한영·문미선·신효식 역(1998), 『언어본능(하)』(Steven Pinker, The

Language Instinct), 도서출판 그린비.

김현권 역(1988), 『일반언어학의 제문제 -공시언어학과 통시언어학의 만남』(Emile Benveniste, Probelems in general linguistics(M.E. Meek 역)), 한불문화출판.

김현권 역(1996), 『소쉬르의 일반언어학 강의』(Carol Sanders, Cours de Linguistique Générale de Saussure), 어문학사.

김형효(1993), 『데리다의 해체철학』, 민음사.

남기심 · 이정민 · 이홍배(1985), 『언어학 개론』, 탑출판사.

박수영 역(1992), 『언어학의 사상사』(R. H. Robins, Ideen-und Problemgeschichte der Sprachwissenschaft), 도서출판 이목.

송완용 편(1996), 『언어학 기초이론』, 신아사.

오원교 역(1978), 『언어학안내』(George Mounin, Cléf pour la Linguistique), 신아사.

이기동 편, 『언어와 인지』, 한신문화사.

이기동 · 김혜숙 · 김혜숙(1977), 『말』, 한국문화사.

이기동 · 신현숙 역(1994), 『언어학 개론』(L.Ben Crane, Edward Yeager, Randal L. Whitman, An Intriduction to Linguistics), 한국문화사.

이성준 역(1994), 『언어학 개론』(Gerhard Nickel, Einführung in die Linguistik), 국학자료원.

이한우 역(1999), 『일상 생활의 정신병리학』(James Strachey, The Standard Edition of the Complete Psychological Woks of Sigmund Freu d), 열린책들.

임인주 역(1999), 『농담과 무의식의 관계』 (James Strachey, The Standar
　　d Edition of the Complete Psychological Woks of Sigmund Freud),
　　열린책들.

주신자 · 신현숙(1994), 『언어개념』 (Kenneth L. Pike, Linguistic Concept
　　s), 한국문화사.

최승언 역(1990), 『일반언어학 강의』 (Saussure, Cours de Linguistique G
　　énérale), 민음사.

허　웅(1984), 『언어학 -그 대상과 방법-』, 샘문화사.

허　웅(1986), 『고친판 언어학 개론』, 샘문화사.

B. Berlin, P. Kay, 1969, Basic Color Terms, University of California Press.

Bernard Comrie, 1981, Language Universals and Linguistic Typology, Basil
　　Blackwell.

Ferdinand de Saussure, 1959, Course in General Linguistics, The Philosophic
　　al Library.

John M. Anderson, 1977, On Case Grammar, Humanities Press.

Joseph H. Greenberg (edit.), 1966, Universals of language, The M.I.T press.

Leonard Bloomfield, 1933, Language, The University of Chicago Press.

Linda R. Waugh, 1976, Roman Jakobson's science of language, The Peter
　　de Ridder Press.

Noam Chomsky, 1980, Rules and Representations, Basil Blackwell.

Noam Chomsky, 1982, The Generative Enterprise, Foris Publications.

Noam Chomsky, 1986, Knoeledge of Language, Praeger.

Pier Paolo Giglioli (edit.), 1982, Language and Social Context, Penguin Boo
ks.

찾아보기

(H)

hierarchy 67
Hopi 98
Humboldt 92, 93

(I)

input 118
intonation 72
intuition 50
IPA(International Phonetic Alphabet) 72

(J)

Joseph Greenberg 40, 69, 79

(K)

Kamala 52
Karl von Frisch 21

knotted cords 131

(L)

LAD 49, 51
Ladakh 97, 100
langage 15
langage 17
language universality 65
langue 13
length 72
Lieberman 90
limbic system 63
linear 90
lingua franca 113
linguistic competence 14
linguistic performance 14
local language 114
logical structure 68
logos 66
Lorenz 27

전정예

　서울대학교, 미국 Georgetown 대학교 졸업 언어학 박사
　현재 건국대학교 국어국문학과 교수
　저서 『새로운 '-오-' 연구』 외

언어와 문화

1999년 8월 21일　1쇄 발행
2016년 8월 25일 12쇄 발행

지은이　　전정예
펴낸이　　박찬익
발행처　　도서출판 **박이정**

130-070 서울시 동대문구 천호대로 16가길 4
전　화　922-1192~3　팩스 928-4683
등　록　1991년 3월 12일 제1-1182호
ISBN　　89-7878-372-4(93700)

값　6,000원
* 잘못된 책은 바꾸어 드립니다.